AF234202

UN JOUR DE GRANDEUR,

ANECDOTE HISTORIQUE EN TROIS ACTES;

Par M. Eugène Deligny,

MUSIQUE DE M. CHAUTAGNE,

REPRÉSENTÉ POUR LA PREMIÈRE FOIS, A PARIS, SUR LE THÉATRE DE L'AMBIGU-COMIQUE, LE 16 SEPTEMBRE 1837.

PERSONNAGES.	ACTEURS.	PERSONNAGES.	ACTEURS.
FRANCESCO II, duc de Modène.	M. P. Ménier.	LA MARQUISE DE PONTRE-MOLI, fille ainée de Ranuzio. . .	Mme Saint-Firmin.
RANUZIO II, duc de Parme et de Plaisance.	M. Cullier.	LA COMTESSE LUIGINA, fille cadette de Ranuzio. . . . . , .	Mme Blés.
MICHAEL, poète improvisateur. .	M. Saint-Firmin.	REGINA BRUNELLI.	Mlle Isabelle.
BRUNELLI, bonnetier.	M. Salvador.	BEATRIX DE PONTINI. . . .	Mlle Jenny.
PAOLI, enseigne des hommes d'armes du comte de Guastalla. . . .	M. Francisque Jc.	DAMES D'HONNEUR, GARDES, PAGES, GENS DE LA NOCE, PREMIER, DEUXIÈME ET TROISIÈME SEIGNEURS DE LA COUR DU DUC DE PARME, UN CHAMBELLAN, UN PAGE DE FRANCESCO.	
LE COMTE D'ALMINTI. . . .	M. Barbier.		
LE COMTE DE GUASTALLA. .	M. Monnet.		

ACTE PREMIER.

Le théâtre représente une chambre simplement meublée. Porte d'entrée faisant face aux spectateurs. Portes latérales. Deux fenêtres, l'une au fond, l'autre sur le côté droit.

SCENE PREMIERE.

BRUNELLI, puis LA COMTESSE LUIGINA.

On entend frapper au dehors. Brunelli entre seul à demi vêtu et tenant une lampe à la main.

BRUNELLI. Qui peut frapper chez moi à cette heure de nuit?.. ce sont encore ces damnés militaires, j'en suis sûr.... Ne faisons pas la sourde oreille, ils enfonceraient ma porte...(Ouvrant la fenêtre du fond.) Que demandez-vous?

UNE VOIX, dans la rue. Maître Gregorio Brunelli.

36

BRUNELLI. Bonnetier de son état, c'est moi !

LA VOIX. Eh bien! je veux vous parler.

BRUNELLI. Vous avez mal choisi l'instant.

LA VOIX. C'est vrai , mais descendez vite.

BRUNELLI, *à part.* C'est une femme, je crois que je puis sans danger... Pourtant une personne honnête ne voyage pas ainsi seule au milieu de la nuit... Enfin, n'importe, je me risque... ouvrons.

Il décroche une vieille épée couverte de rouille et va ouvrir. Luigina entre presque aussitôt avec Brunelli ; elle est enveloppée dans un grand voile noir.

LUIGINA. Soyez béni, bon vieillard, et excusez-moi si je viens à pareille heure troubler votre repos ; l'affaire qui m'amène ne saurait être retardée d'une seule minute.

BRUNELLI. Que Dieu répande sur vous ses grâces, signora, et pardonnez-moi de vous avoir laissée si long-temps dehors. Dans ces temps de trouble et d'alertes continuelles la prudence est une grande vertu... Puis-je savoir à qui j'ai l'honneur de parler?

LUIGINA, *levant son voile.* Non, car ce masque ne quittera pas mon visage.

BRUNELLI. Pourquoi ce mystère?.. Madame, la prudence m'ordonne...

LUIGINA. Il vous suffira de connaître le nom de la personne qui me recommande à vous... c'est la signora Béatrix de Pontini.

BRUNELLI. La première dame d'honneur de la comtesse Luigina... je dois tout à sa famille, ma petite maison, ma petite fortune... Soyez la bien venue, madame.

LUIGINA. Vous mariez votre fille aujourd'hui... voici la dot que lui envoie Béatrix.

Elle lui donne une bourse.

BRUNELLI. Encore un nouveau bienfait...

LUIGINA. Lisez cette lettre de la signora Béatrix.

BRUNELLI. Volontiers. (*Lisant.*) « Mon » bon père, reçois dignement la personne » que je t'adresse, sois respectueux avec » elle et exécute tous les ordres qu'elle te » donnera... enfin agis avec elle comme tu » agirais avec moi. » (*Après avoir lu.*) Parlez, madame, je suis prêt à vous obéir.

LUIGINA. Je désire d'abord que mon arrivée dans cette maison soit ignorée de tous.

BRUNELLI. Rien de plus facile, après?

LUIGINA. Il faut me loger de manière à ce que ma présence ici ne puisse être soupçonnée.

BRUNELLI. J'ai deux chambres à votre service, la mienne, que voici (*il montre la porte à gauche*) ; mais celle de ma fille est plus commode et plus sûre, vous la prendrez. (*Il montre la porte à droite.*) Qu'ordonnez-vous encore?

LUIGINA. Deux cavaliers viendront, à la pointe du jour, vous demander l'hospitalité au nom de saint Julien ; s'ils vous disent : La loyauté avant tout!.. retenez bien ces mots, vous leur répondrez : La personne que vous cherchez est là , frappez trois coups à cette porte; puis vous les laisserez seuls ; ils habiteront votre chambre.

BRUNELLI, *à part.* Il y a une amourette sous jeu, je le parierais... c'est immoral, mais Béatrix le veut... (*Haut.*) Ensuite, madame?..

LUIGINA. C'est tout... maintenant conduisez-moi dans l'appartement que vous me destinez.

BRUNELLI. Il faut d'abord que j'en fasse décamper ma fille, cela ne sera pas long.

LUIGINA. Je suis désolée de vous causer tant de tracas.... Votre fille est-elle discrète ?

BRUNELLI. Elle le sera.

LUIGINA. Je puis compter sur son silence?

BRUNELLI. Soyez tranquille, je la préviendrai.

Il sort.

LUIGINA, *seule, ôtant son masque.* Jusqu'à présent tout va bien ; mais j'arrive au point important de mon entreprise... Réussirai-je?.. mon plan est-il bien conçu?.. O mon Dieu! venez à mon aide... ma démarche est dictée par la loyauté, mon but est noble.... faites que le succès couronne mes efforts !

BRUNELLI, *rentrant.* Ma fille se taira, ne craignez rien!... (*Luigina a remis son masque.*) Elle arrange en ce moment sa chambrette afin de vous recevoir d'une façon plus convenable... en attendant qu'elle ait fini, daignerez-vous causer un instant avec moi?

LUIGINA. Volontiers.

BRUNELLI. Signora, vous êtes une grande dame, vous devez par conséquent être plus que moi au courant des nouvelles politiques ; veuillez donc m'éclairer sur un point qui m'inquiète fort.

LUIGINA. Lequel?

BRUNELLI. Que résultera-t-il de cette trêve de trois jours consentie entre Ranuzio II, duc de Parme et de Plaisance, mon

souverain seigneur, que Dieu le protége!..
et Francesco II, duc de Modène... On prétend que le prince Francesco vient à Parme
pour entamer des négociations... ces négociations amèneront-elles la paix?

LUIGINA. Hélas! Dieu le veuille!

BRUNELLI. Vous n'en savez pas plus
long?.. alors je dis comme vous : Dieu le
veuille! car la guerre est la ruine du commerce, et la ruine du commerce est pour
nous autres, pauvres diables qui vivons
de notre travail, la misère, la famine et la
mort... Malheureux pays! il y a pourtant
assez long-temps qu'il est troublé!... Je
croyais qu'après la mort du vieux duc de
Modène nous allions avoir enfin un peu de
tranquillité, mais bast!... voilà que son
fils, le prince Francesco, repousse le seul
moyen de cimenter entre ses états et les
états voisins une alliance éternelle, il refuse la main de la marquise de Pontremoli,
la fille aînée de Ranuzio II, sous le prétexte qu'elle est vieille et laide... je ne sais
pas si c'est vrai; mais on dit qu'il a jeté avec
dégoût le portrait que lui présentait l'ambassadeur chargé de la proposition... Est-
ce vrai?

LUIGINA. Je ne sais...

BRUNELLI. Enfin, ce qu'il y a de certain,
c'est que les hostilités sont plus fortes que
jamais... c'est désolant!... Je trouve, moi,
que Francesco a agi en jeune homme, en
insensé, parce que... la marquise est laide,
c'est vrai; elle est vieille, c'est encore
vrai; mais elle est la fille aînée, l'héritière
de Ranuzio II...

LUIGINA. Vous devriez parler avec un
peu plus de respect de la fille de votre souverain.

SCENE II.

LES MÊMES, REGINA.

REGINA. La chambre est prête, signora.

LUIGINA. Merci, mon enfant.

BRUNELLI. Je vais faire ma toilette....
Regina, installe la signora. (*A part en
sortant.*) J'ai parlé bien imprudemment!
si cette dame était un mouchard femelle!... oh! mais Béatrix ne m'aurait
pas envoyé...

Il sort.

LUIGINA. Jeune fille, acceptez cette bague en échange des quelques heures de sommeil dont je vous ai privée.

REGINA. Madame est trop bonne.

LUIGINA. Adieu, soyez heureuse en ménage.

Elle entre dans la chambre.

REGINA, *seule.* Heureuse!... oh! non,
c'est courageuse que vous auriez dû dire,
car il me faudra bien de la force et bien
de la patience pour supporter mon sort.

SCENE III.

REGINA, MICHAEL.

Il entre par la fenêtre à droite, et se dispose à
frapper à la porte de Régina.

REGINA, *l'apercevant.* Michael!

MICHAEL. Moi-même!

REGINA. Pourquoi, malheureux, entrez-
vous par cette fenêtre?

MICHAEL. As-tu donc oublié sitôt que la
porte est fermée pour moi?... Si ce passage
ne s'était présenté tout simple et tout naturel, je crois que j'aurais pratiqué avec
mes ongles, dans le mur de cette maison,
une ouverture qui me permît d'arriver jusqu'à toi; car j'ai besoin de te voir et de te
demander si tout ce qu'on m'a dit est vrai?
Tu ne réponds pas... oh! mais cette robe
blanche et cette horrible corbeille de noce
m'éclairent suffisamment... on ne m'a pas
menti... Vous vous mariez ce matin... c'est
affreux, Regina!... tu ne m'aimes plus....

REGINA. Je t'aime toujours, Michael.

MICHAEL. La plaisanterie n'est pas mauvaise... oh! ne vous en tenez pas là... prouvez-moi que vous en épousez un autre
que moi par amour pour moi.... ce sera
plus joli.

REGINA. Je te le prouverai si tu veux
être calme et m'écouter.

MICHAEL. Oh! c'est trop fort!... être
calme quand tu me dis de pareilles choses... Regina, vous êtes coquette, perfide
et fausse!

REGINA. Pas de reproches, Michael, je
ne les mérite pas.... Lorsque nous nous
sommes fait mutuellement l'aveu de notre
amour, je vous ai prédit les malheurs qu'il
pouvait entraîner... Hélas! je ne m'étais
pas trompée... Mon père vous a mis à la
porte, et il m'a ordonné d'épouser le signor Paoli, auquel j'étais promise depuis
long-temps.

MICHAEL. Il fallait refuser.

REGINA. Etait-ce possible?

MICHAEL. Toi, la perle de Guastalla, devenir la femme d'un imbécile, qui n'a d'autre mérite que d'être né avec quelque fortune et la protection du gouverneur.

REGINA. Aux yeux de mon père c'est une
grande vertu.

MICHAEL. Que je n'ai pas, moi, qui suis né poëte, qui ai grand poëte, et qui mourrai poëte, c'est-à-dire sans un sou vaillant et sans protection aucune... Malédiction ! la misère est-elle donc un opprobre, un stigmate éternel qu'un héritage peut seul effacer?

REGINA. Ecoute, ami, je vais t'expliquer ma conduite, car ton estime et ton affection me sont chères... Si j'eusse désobéi à mon père, il eût fermé sur moi les portes d'un cloître ; là, persistant dans mon entêtement et lui dans le sien, j'eusse prononcé mes vœux... en agissant ainsi je perdais tout espoir.

MICHAEL. Quel espoir?

REGINA. Celui d'être un jour unie à toi.

MICHAEL. Ah ! oui, dans le ciel, n'est-ce pas ?

REGINA. Non, sur cette terre.

MICHAEL. Ça me paraît diantrement naïf, mais continue.

REGINA. Mon époux est un homme de guerre... son existence est par conséquent très-chanceuse ; il peut d'un moment à l'autre trouver la mort dans un combat... alors je serais veuve, je serais libre, et...

MICHAEL. Oui; mais on a vu des militaires attendre vingt batailles avant de recevoir leur affaire.

REGINA. Eh bien ! nous attendrons vingt batailles.

MICHAEL. Ça peut durer long-temps.

REGINA. Qu'importe!

MICHAEL. Nous serons vieux.

REGINA. Quand l'amour est profond et sincère, le temps ne l'éteint pas.

MICHAEL. C'est juste ; mais tu ne songes pas à l'horrible jalousie qui me dévorera, à la rage de damné qui fera que dans mes nuits sans sommeil, frénétique, exalté, je saisirai mon stylet pour commettre quelque inconséquence.

REGINA. Tais-toi! malheureux, ne profère pas de telles paroles !... As-tu donc renoncé à cette admirable philosophie qui te porte à prendre en pitié les infortunes les plus grandes?

MICHAEL. Regina, jusqu'à présent j'ai sans cesse lutté courageusement contre la destinée. J'accueillais toutes les calamités avec des éclats de rire, je bravais le sort contraire en lui disant : Frappe toujours, tu te lasseras plus tôt que moi. Mais j'avais une espérance; cette espérance, c'était toi. Tu étais pour moi la terre que le matelot égaré voit poindre à l'horizon ; je t'apercevais avec délice au milieu de mes souffrances comme l'agonisant le paradis des élus. Tu étais pour moi la chose sainte, l'avenir bienheureux. En te perdant, je perds tout au monde ; il n'y a pas moyen de prendre cela gaîment. Pourtant tu me laisses une lueur d'espérance ; je vais m'y cramponner comme le naufragé au brin de bois que sa main convulsive rencontre dans l'abîme... Oh ! oui, je dois sortir vainqueur de cette dernière lutte... Tel que Diogène, l'admirable cynique, je me suis fait un système, et j'y mourrai fidèle... Je suis fort et résigné maintenant... Nous serons unis un jour, j'en suis certain... nous attendrons cinquante ans s'il le faut, nos cheveux seront blancs, nos visages ridés, qu'importe ! nous nous aimerons encore!.. Ce n'est pas l'enveloppe que l'on adore, c'est l'ame...Oh! nous serons célèbres dans l'histoire, nous enfoncerons tous les amoureux connus, Mars et Vénus, Philémon et Baucis, Héloïse et Abeilard, et bien d'autres... La gloire nous tend ses couronnes enchantées, vivons pour la gloire ! Soyons gais, soyons fous... prenons ça gaîment... rions bien fort... Mais ris donc...

REGINA, *effrayée*. On vient!

MICHAEL. C'est ton époux ! il va te conduire à l'autel! Oh! ma fureur se rallume!

REGINA. Tu m'as promis d'être fort et résigné.

MICHAEL. C'est vrai! je tâcherai.... mais...

REGINA. Fuis, au nom du ciel !

MICHAEL. Adieu, Regina! prie pour Michael.

Il saute par la fenêtre.

REGINA. Seigneur, mon Dieu, ne l'abandonnez pas!

∞∞∞∞∞∞∞∞∞∞∞∞∞∞∞∞∞∞∞∞∞∞∞∞∞ ∞∞∞

SCENE IV.

BRUNELLI, REGINA, PAOLI, Gens
DE LA NOCE.

BRUNELLI. Ma fille, ce sont tes compagnes qui viennent t'offrir leurs services pour ta toilette. (*Aux jeunes filles qui entrent.*) Ma foi! vous arrivez trop tard, elle est prête.

REGINA. Je vous remercie, mes bonnes amies.

BRUNELLI, *aux hommes qui attendent.* Vous pouvez entrer, vous autres.

Ils entrent.

* PAOLI, *à Regina.* Pour toi, ma jolie fiancée, je renonce bien jeune encore aux bamboches de l'adolescence, mais je ne te le reproche pas... ça m'arrange.

BRUNELLI. Partons, mes enfans, allez,

____

* Regina, Paoli, Brunelli.

selon l'usage, demander au gouverneur la permission d'unir à jamais vos destinées.

PAOLI. Ah! oui... mais nous ne recevrons pas seulement la bénédiction du noble comte, il me remettra en même temps la dot qu'il m'a promise, à moi, son filleul, et de plus porte-enseigne de ses hommes d'armes... Ainsi, ma Regina, lorsque avant de marcher à l'autel tu rentreras ici pour orner ta chevelure de la couronne de fleurs d'oranger, notre fortune sera grossie de quelques onces d'or...

BRUNELLI. Ils seront riches comme des Crésus... En route, mes amis, la chaleur sera bientôt étouffante.

TOUS. Partons, partons!

PAOLI, *à Regina.* Ce jour est le plus beau de ma vie.

REGINA, *à part.* Mon supplice commence.

BRUNELLI, *à part.* Ah! diable! et ces deux seigneurs que je dois recevoir et introduire... (*Haut.*) Allez, mes enfans... je vous rejoins à l'instant...

SCÈNE V.

BRUNELLI, *puis* FRANCESCO, DUC DE MODÈNE, LE COMTE D'ALMINTI, *et un Page portant une valise.*

BRUNELLI, *seul.* Pourquoi Béatrix ne m'a-t-elle pas envoyé la dame masquée après le mariage de ma fille?.. Ça me gêne beaucoup.

FRANCESCO, *entrant avec d'Alminti.* Maître Brunelli.

BRUNELLI. C'est moi.

FRANCESCO. Que saint Julien vous soit en aide!.. Nous venons réclamer de vous, au nom du patron des voyageurs, l'hospitalité pendant une heure.

BRUNELLI. N'avez-vous rien de plus à me dire?

FRANCESCO. La loyauté avant tout!

BRUNELLI, *à part.* C'est bien cela! (*Haut.*) La personne que vous cherchez est là... frappez trois coups à cette porte... Si vous voulez ne pas être vus... voici ma chambre, personne ne vous y dérangera... maintenant, je vous laisse, agissez comme bon vous semblera...

Il sort.

SCÈNE VI.

FRANCESCO, D'ALMINTI.

FRANCESCO. La loyauté avant tout!

D'ALMINTI. Cette phrase vous inquiète, n'est-ce pas, monseigneur?

FRANCESCO. Elle m'intrigue... Depuis que je l'ai lue dans le billet mystérieux qui nous mande ici, je me suis livré à une foule de conjectures.

D'ALMINTI. Monseigneur, lorsque vous avez voulu entreprendre le voyage de Modène à Parme, je vous ai blâmé, d'abord parce que ce n'était pas à vous, vainqueur, d'aller au-devant du vaincu...

FRANCESCO. Je t'ai déjà dit que j'étais vainqueur par la force des armes et vaincu par ma conscience... Un mot imprudent, injurieux même, sorti de ma bouche, ralluma cette guerre malheureuse... Je ferai donc toutes les concessions possibles pour qu'elle se termine au plus vite.

D'ALMINTI. N'importe! vous n'auriez pas dû partir sans emmener avec vous quelques-uns de vos braves soldats.

FRANCESCO. Je t'ai répondu à cet égard : mes troupes sont accablées de fatigue; il est juste qu'elles profitent d'un moment de trêve pour se reposer.

D'ALMINTI. Hélas! elles maudiront le repos qu'elles auront goûté s'il vous arrive malheur...

FRANCESCO. Tu crois que nous allons apprendre...

D'ALMINTI. Que l'on nous trahit!.. Nous marchons dans un vilain pays, et je vois dans ces mots : La loyauté avant tout! un avertissement terrible...

FRANCESCO. Comte d'Alminti, nous sommes fous tous les deux de nous livrer ainsi à des rêveries inutiles, quand la réalité est là, prête à nous éclairer... Nous allons savoir le mot de l'énigme.

Il frappe trois coups à la porte de Luigina.

SCÈNE VII.

LES MÊMES, LUIGINA, *paraissant toujours masquée.*

FRANCESCO, *à part.* Une femme masquée! Parbleu, l'aventure serait plaisante s'il s'agissait simplement d'une intrigue amoureuse!

LUIGINA, *à part.* Comme mon cœur bat! (*Elle s'appuie contre la muraille. Haut.*) Sommes-nous seuls?

FRANCESCO. Oui, madame.

LUIGINA. Vous êtes le prince Francesco, duc de Modène.

FRANCESCO. Oui, madame.

LUIGINA, *à part.* Je l'avais deviné.

FRANCESCO, *à d'Alminti.* Quelle voix douce et pure! Cette femme est belle comme un ange, je te le parie.

LUIGINA, *à part.* Le voilà donc ce héros dont l'Italie entière chante les vertus et la vaillance... il est encore plus noble que je me l'étais figuré dans mes rêves.

FRANCESCO. N'ôterez-vous pas ce méchant masque qui nous cache votre gracieux visage?

LUIGINA. Non, monseigneur, car je veux que, si vous me retrouvez plus tard, vous ne puissiez pas me reconnaître. Promettez-moi donc d'avoir foi dans mes paroles, malgré tout le mystère dont je m'environne.

FRANCESCO. Parlez sans crainte, madame; que réclamez-vous de moi?

LUIGINA. De la confiance, et rien de plus!... Monseigneur, je veux empêcher une mauvaise action d'être commise.

D'ALMINTI. Laquelle?

LUIGINA. On tend un piége sous vos pas.

D'ALMINTI. J'en étais sûr.

FRANCESCO. Continuez, madame.

LUIGINA. Ranuzio II vous attire à Parme pour vous y retenir prisonnier.

FRANCESCO et D'ALMINTI. Prisonnier!

LUIGINA. Il prétend vous imposer, lorsqu'il sera maître de votre personne et de votre vie, toutes les concessions qui pourront augmenter sa puissance et diminuer la vôtre.

D'ALMINTI. Oh! malheur au traître!

FRANCESCO. C'est infâme! j'en suis anéanti! Oh! je ne puis croire à tant de perfidie! Un prince ne violerait pas ainsi une trêve consentie à la face de tout un peuple. Il y aurait là de quoi vouer sa mémoire à un mépris éternel... Vous me trompez, madame, ou vous êtes mal informée.

LUIGINA. J'ai dit la vérité, monseigneur, j'ai entendu tramer l'horrible complot...

D'ALMINTI. Je vous avais prévenu, mon prince!

FRANCESCO. Et j'ai refusé de t'entendre... Était-il possible de soupçonner une trahison tellement odieuse! Oh! mais Dieu ne veut pas qu'elle s'accomplisse, il veille sur le juste, il place sur ma route un ange gardien qui m'avertit à temps... Grâce à vous, madame, je n'arriverai pas jusqu'à Parme, et je châtierai le misérable!...

LUIGINA. Hélas! je n'ai pu vous empêcher d'entrer à Guastalla.

FRANCESCO. Eh bien?

LUIGINA. C'est à Guastalla que l'on doit s'emparer de votre personne.

FRANCESCO. Insensé! Je suis parti sans escorte. Ma confiance aveugle m'a perdu! oh mon Dieu! faut-il donc n'avoir foi qu'au crime?

LUIGINA. Il faut reprendre courage, monseigneur. Vous pouvez combattre à arme égale en opposant la ruse à la ruse...

Maintenant que je vous ai annoncé le péril, je vais vous donner le moyen de l'éviter...

FRANCESCO. Oh! soyez bénie, madame.

D'ALMINTI. Ce moyen, quel est-il?

LUIGINA, à Francesco. Je vous déclare d'avance qu'il est impossible si quelqu'un ne s'expose pas pour vous à une mort presque certaine...

D'ALMINTI. Eh bien! je suis là, moi; expliquez-vous.

FRANCESCO. Pauvre ami!

LUIGINA. C'est bien ainsi que l'on m'a dépeint le comte d'Alminti, noble et dévoué.

D'ALMINTI. Pas de complimens! de grâce, venons au fait.

LUIGINA. Un peu de patience!... (A Francesco.) Ranuzio vous a écrit à la fin de sa lettre que le château du comte de Guastalla, gouverneur de cette ville, vous offrirait son ombre salutaire durant la grande chaleur... C'est là, pendant la sieste, que l'on vous déclarera prisonnier du duc de Parme et de Plaisance.

FRANCESCO. Merci de l'avertissement! Le gouverneur n'aura pas ma visite.

LUIGINA. Au contraire, il faut aller à lui..... Vous me comprendrez tout-à-l'heure... Le gouverneur ne vous a jamais vus, il ne vous connaît tous deux que par des signalemens fort incomplets, dans lesquels il est plutôt question du costume que du visage, car vous vous ressemblez un peu, messeigneurs. Vous êtes du même âge, de la même taille, vos cheveux, vos allures sont semblables; et je suis certaine qu'en changeant de costume vous pourrez facilement passer l'un pour l'autre aux yeux du gouverneur.

FRANCESCO. Oui; mais que résultera-t-il de ce travestissement?.. Ne serons-nous pas prisonniers tous les deux?

LUIGINA. Non, monseigneur; selon les ordres de Ranuzio, vous devez être seul arrêté, et tandis que l'on vous conduira sous bonne escorte à Parme, le comte d'Alminti retournera libre à Modène pour y annoncer votre captivité, et jeter avec cette nouvelle la consternation parmi vos soldats. Comprenez-vous, maintenant?

D'ALMINTI. Parfaitement! Oh! c'est admirable!

FRANCESCO. Non, car l'erreur sur laquelle nous comptons sera de courte durée; tu n'as pas comme moi disparu longtemps de l'Italie... tu seras bientôt reconnu, et lorsque Ranuzio découvrira la ruse....

D'ALMINTI. Il me tuera! que m'importe!

vous aurez eu le temps de regagner Modène.

FRANCESCO. Je n'achèterai pas ma liberté au prix de ton sang!

D'ALMINTI. Vous vengerez ma mort!

FRANCESCO. Je ne veux pas que tu meures!

D'ALMINTI. Mon prince, si dans une bataille je vous voyais traqué de toutes parts, et qu'il me fallût perdre la vie pour vous sauver, je m'élancerais sans hésiter; ici le cas est semblable, et je ne dois pas hésiter, car je serais un lâche!... Oh! ne cherchez pas à me convaincre, je suis bien décidé... Je vais écrire mon testament, vous le remettrez à ma mère.

FRANCESCO. Ta mère, malheureux! pense donc à elle!

D'ALMINTI. Vous lui direz que je suis mort fidèle à mes sermens, et ses larmes seront moins amères!

Il entre dans la chambre de Brunelli.

LUIGINA. Acceptez, monseigneur! c'est le seul moyen.

FRANCESCO. Il faut pourtant en trouver un autre.

LUIGINA. Mais le temps presse... Votre présence ici éveille déjà les soupçons... si l'on venait vous y chercher, et que l'on m'y découvrît, moi... nous serions perdus tous les deux.

FRANCESCO. Ne craignez rien, j'aurai bientôt pris un parti.

LUIGINA. Hâtez-vous, car d'autres dangers vous menacent. Plusieurs des gentilshommes que vous avez dépossédés habitent cette ville... Ils ont juré de se venger, et le poignard d'un assassin...

FRANCESCO. Les lâches!

LUIGINA. Du bruit! on vient! Oh! ne les laissez pas arriver jusqu'à moi.

Elle entre précipitamment dans sa chambre.

FRANCESCO, *se plaçant devant la porte son épée à la main.* Tant que je vivrai soyez sans inquiétude!

SCENE VIII.
FRANCESCO, *puis* MICHAEL.

FRANCESCO, *seul.* Le bruit a cessé!... tout est calme... Quelle est donc cette femme? son rang est bien élevé, sans doute, puisqu'elle connaît les plus profonds secrets du duc de Parme et de Plaisance...Oh! mais ce n'est pas à elle que je dois songer... Je suis dans un guet-apens infernal, il me faut en sortir au plus vite, car le poignard d'un assassin peut arrêter ma fuite... Du bruit encore... là, dans ce jardin. (*Regardant par la fenêtre.*) Un homme escalade le mur... il s'apprête à monter par cette fenêtre... Qu'est-ce que cela signifie?...

Il se cache derrière un rideau.

MICHAEL, *entrant par la fenêtre.* Maison inhospitalière, toi qui vis naître mon fatal amour, reçois le pardon de ta faute et mon éternel adieu.

FRANCESCO, *à part.* C'est un voleur sans doute, ou, peut-être... Surveillons-le.

MICHAEL, *à part.* Maintenant mettons cette lettre où j'en ai mis tant d'autres, dans ce livre de messe... Regina n'est pas prévenue; mais il faudra toujours qu'elle l'ouvre à la cérémonie... Pauvre fille, je lui annonce un peu brutalement ma résolution... (*Il lit.*) « Cher ange, j'ai réfléchi; ton mariage rend notre séparation éternelle, sans toi je ne puis vivre; ainsi donc adieu! sois heureuse! »

FRANCESCO, *à part.* Que diable fait-il? il lit une lettre.

MICHAEL, *continuant.* » Je te verrai encore une fois de loin, lorsque tu marcheras à l'autel, et quand tu auras franchi le seuil de l'église, je franchirai, moi, le seuil de l'éternité...» J'aurais beau prendre un tas de détours!...c'est parfait comme cela. (*Il place la lettre dans le livre de messe.*) Maintenant mon stylet est bien affilé...

Il en essaye la pointe sur sa main.

FRANCESCO, *à part.* C'est un assassin!... il relisait ses instructions ou mon signalement sans doute.

MICHAEL, *sortant.* Allons!... en frappant droit au cœur la souffrance ne sera pas grande.

FRANCESCO, *l'arrêtant.* Halte là! misérable; qui t'a payé pour le crime que tu médites?

MICHAEL, *anéanti de surprise.* Personne, en vérité...

FRANCESCO. Ne mens pas, et je te fais grâce! Qui t'a payé? je veux le savoir.

MICHAEL. Comment!... qui m'a payé pour me... Je ne comprends pas...

FRANCESCO. Oh! ne joue pas l'étonnement!

MICHAEL. Je ne joue rien du tout...

FRANCESCO. Parle vite, ou je te tue sur la...

MICHAEL. Ce faisant, vous m'obligerez infiniment... vous m'éviterez de me détruire de mes propres mains... Ainsi, serrez bien fort... un bon coup de pouce... mais ne me faites pas languir.

FRANCESCO. La ruse est inutile...réponds à l'instant, car ma patience se lasse... Qui t'a chargé de m'assassiner?

MICHAEL. Vous assassiner!... J'étais bien sûr qu'il y avait un malentendu... Il est vraiment très-cocasse... Ah! ah! ah! Voici le fait... je veux m'assassiner, moi, mais vous... jamais de la vie... Cela vous paraît drôle, mais c'est comme je vous le dis.

FRANCESCO. Parles-tu sérieusement?

MICHAEL. Il me semble que je n'ai pas l'air de crever de rire... Tenez, pour que vous ne doutiez plus de la vérité de mes paroles, lisez cette lettre. (*Il lui donne sa lettre à Regina.*) Éloignez toute défiance! Ai-je la mine d'un bravo?

FRANCESCO. Il a l'air assez honnête. (*Après avoir lu.*) Comment! insensé, tu veux mourir parce que ta maîtresse t'abandonne et se marie?..

MICHAEL, *replaçant la lettre dans le livre de messe.* Le motif vous paraît-il insuffisant?

FRANCESCO. Sans doute... Il faut oublier cette femme et en aimer une autre...

MICHAEL. Impossible! impossible!

FRANCESCO. Mais tu sais pourtant bien, malheureux, que tu commets un crime en devançant la volonté de Dieu!

MICHAEL. Ah bah! ah bah!

FRANCESCO. Notre passage dans ce monde est une épreuve qu'il nous impose.

MICHAEL, *l'interrompant.* C'est juste! mais je suis entêté comme un mulet... et tous vos discours...

FRANCESCO. Alors que le diable t'emporte! fais ce que tu voudras.

MICHAEL, *avec effroi.* Le diable!

Il devient pensif.

FRANCESCO, *à part.* J'oubliais presque avec cet aliéné que... Ah çà!... mais j'y pense... nous sommes à peu près de la même taille, ses cheveux, sa barbe sont noirs... Il me ressemble tout autant que d'Alminti... (*Frappant sur l'épaule de Michael, qui est plongé dans une rêverie profonde.*) Tiens-tu bien à mourir?

MICHAEL. Énormément!... mais j'ai réfléchi à ce que vous m'avez dit, et l'enfer m'épouvante.

FRANCESCO, *à part.* Pourquoi l'ai-je convaincu? (*Haut.*) En rendant ta mort utile à quelqu'un, tu mérites le ciel...

MICHAEL. Quelle bonne idée vous avez là... Mais à qui ma mort peut-elle être utile?

FRANCESCO. A moi!

MICHAEL. Comment cela?

FRANCESCO. Es-tu de Parme?

MICHAEL. Non, je suis né à Milan; mais mon père était Modénois.

FRANCESCO. Modénois!

MICHAEL. Le seriez-vous aussi?

FRANCESCO. Oui... Aimes-tu le duc Ranuzio?

MICHAEL. Je l'exècre! il est lâche et méchant.

FRANCESCO. Et le duc de Modène?

MICHAEL. Je le chéris, comme tout le monde.... Si la guerre n'était pas terminée, je me rangerais sous ses drapeaux, et je me ferais vaillamment tuer en combattant pour lui.

FRANCESCO. La guerre recommence plus terrible que jamais.

MICHAEL. Vous vouliez me proposer d'aller au jeune prince... j'y vole!...

FRANCESCO. C'est inutile! Francesco II est devant toi.

MICHAEL, *tombant à genoux.* Monseigneur, qu'exigez-vous de votre serviteur indigne?...

FRANCESCO. Debout, mon brave, et écoute-moi... Ranuzio m'a attiré dans ses états sous le prétexte d'une négociation.

MICHAEL. Eh bien!

FRANCESCO. Son intention est de s'emparer de moi, afin de m'imposer des conditions honteuses.

MICHAEL. L'infâme! cela ne m'étonne pas de la part de ce vieux podagre.

FRANCESCO. C'est dans cette ville que l'on doit m'arrêter; mais, grâce à toi, j'échapperai au traître.

MICHAEL. Ordonnez! que faut-il faire?

FRANCESCO. Il faut me donner tes habits et te couvrir des miens!...

MICHAEL. Oh! je comprends... vous passerez pour moi...

FRANCESCO. Oui... jusqu'à ce que j'aie regagné Modène, je serai Michael le Milanais; tu seras, toi, jusqu'à ton arrivée à Parme, le prince Francesco...

MICHAEL. Quel honneur! et à Parme?

FRANCESCO, *douloureusement.* On te reconnaîtra trop vite, hélas! et...

MICHAEL. Je serai pendu! fameux! voilà mon affaire! Oh! ne vous désolez pas sur mon sort, vous comblez tous mes vœux! ma reconnaissance sera éternelle!

FRANCESCO, *à part.* Pauvre diable! je m'efforçais tout-à-l'heure de l'arracher à la mort, et maintenant... Oh! l'égoïsme, toujours l'égoïsme!... Mais il s'en tirera peut-être. (*Haut.*) Ecoute, ton supplice est probable; mais il n'est pas certain. En jouant habilement ton rôle, tu peux tenir long-temps... Personne ne me connaît à la cour de Ranuzio... Mon père m'a exilé bien jeune de l'Italie, et je n'y suis rentré que lorsqu'il n'existait plus. Ainsi tu as des chances de succès! Comporte-toi donc avec adresse, et tu me donneras peut-être le temps de venir te délivrer.

MICHAEL. Et si vous me délivrez?

FRANCESCO. Tu ne formeras pas un désir que je ne satisfasse à l'instant...

MICHAEL. Je ne puis désirer que Regina.

FRANCESCO. Tu l'auras.

MICHAEL. Elle sera mariée...

FRANCESCO. Nous casserons son mariage.

MICHAEL. Oh! monseigneur! vous allez me rendre fou de joie! Maintenant mon avenir est superbe, l'espérance brille de toutes parts; que dis-je, l'espérance! mieux que cela, la certitude; des deux côtés j'entrevois une ivresse éternelle. Si je réussis, vous me donnez le paradis dans ce monde, si je succombe, le paradis dans l'autre! et par-dessus tout la gloire! oui, la gloire, qui, avec ses trompettes éclatantes, redira mon nom à la postérité! Oh! monseigneur!.. vous êtes un grand prince.

FRANCESCO. Viens! viens! le temps est précieux. En nous habillant, je te dirai la marche que tu auras à suivre.

Ils entrent dans la chambre de Brunelli.

SCENE IX.
BRUNELLI, PAOLI, REGINA, Gens de
la noce.

BRUNELLI, *à Regina.* C'était bien la peine de nous faire attendre deux heures pour ne pas nous recevoir... Mais la dot n'est peut-être pas perdue pour cela... Le gouverneur l'a sans doute remise à Paoli, qu'il a fait appeler seul près de lui... Que pouvait-il lui vouloir? (*A Paoli qui entre.*) Eh bien! la dot?

PAOLI. Il s'agit bien de dot, en vérité...

BRUNELLI. Vous êtes trop désintéressé, mon gendre!

PAOLI. Beau-père, nous n'avons pas une minute à perdre... Jeunes filles, hâtez-vous de couvrir le chef de mon épouse de la couronne nuptiale... J'ai juste le temps de me marier, et puis...

BRUNELLI. Et puis...

PAOLI. Je vais vous conter cela! (*Ils se retirent dans un coin. On coiffe Regina.*) Beau-père, il paraît que le duc de Modène est à Guastalla.

BRUNELLI. Après?

PAOLI. On l'a vu entrer dans la ville accompagné du comte d'Alminti; mais on ne sait pas ce qu'ils sont devenus... Le gouverneur tient à le savoir... Il m'a dit: mon garçon, marie-toi bien vite et rejoins mes hommes d'armes; je vous mets tous à la disposition du grand bailli.

BRUNELLI. Diable! diable! Est-ce que la guerre voudrait recommencer?..

PAOLI. C'est fort triste.

Ils causent tous deux à voix basse.

REGINA. Allons, il faut consommer le sacrifice jusqu'à la fin... (*On lui donne un livre de messe.*) Tout me rappelle Michael. Ce livre de messe où chaque jour je trouvais une lettre ou des vers... (*Elle l'ouvre.*) Encore une... il est venu... (*Elle lit précipitamment.*) Se tuer! mon Dieu! il veut se tuer!... Que faire?

PAOLI. Beau-père, il ne faut pas se désoler d'avance... Ne soyons qu'à la joie... Nous sommes prêts... En route.

REGINA, *à part.* Marcher à l'autel serait donner le signal de sa mort... que faire pour rester ici?.. Ma foi, évanouissons-nous... c'est le plus court. (*Haut.*) Soutenez-moi, mes amis, je me meurs.

BRUNELLI. Que dit-elle!.. Ma pauvre fille!

PAOLI. Des sels! du vinaigre! de la corne de cerf! n'importe quoi!

REGINA, *à part.* Les vieux moyens réussissent toujours.

BRUNELLI. Mes amis! allez prévenir M. le curé de l'accident épouvantable... Et priez pour la fiancée... moi, je cours chercher le médecin...Vous, mon gendre, restez près d'elle.

SCENE X.
PAOLI, REGINA, *toujours évanouie.*

PAOLI. Fatalité! fatalité! ne pouvait-elle pas se trouver mal après la cérémonie... c'eût été beaucoup plus naturel...l'émotion

REGINA, *à part.* Il faut pourtant qu'il sorte aussi...

PAOLI. Reviens à toi, mon amour, c'est ton époux qui t'en supplie... Ah! bast... c'est comme si je chantais... Au fait... si je chantais.. J'ai entendu parler d'un certain premier tenor de la mythologie, un nommé Orphée, qui en faisant des roulades, obligeait à danser, les pierres, les rochers, les montagnes... peut-être ma voix mélodieuse pourra-t-elle... Essayons..
Il chante:
Au clair de la lune, etc.
Pas le moindre effet... Imbécile, j'oubliais que l'histoire de l'Olympe n'est qu'une fable, un mensonge complètement païen...Je retourne au vinaigre... Je ne comprends pas qu'elle y résiste, un mort ressusciterait rien qu'à sentir cette horrible drogue...

REGINA. Je n'y tiens plus à la fin...
Elle éternue vigoureusement.

PAOLI, *tout joyeux.* Dieu te bénisse, mon amour!..Voilà un éternument qui me tire une fière épine du pied... le médecin va venir...

REGINA. Le médecin est inutile, je ne souffre plus...

PAOLI. A merveille!... viens! courons vite à l'église et marions-nous...

REGINA. Sans mon père ! vous n'y pensez pas !

PAOLI. Il nous rejoindra.

REGINA. Non, c'est impossible !... Et puis je suis faible encore...

PAOLI. Tu t'appuieras sur mon bras... Je te porterai, s'il le faut... tu ne sais pas que je suis pressé, pressé...

REGINA. Eh bien, ce que vous avez de mieux à faire est d'aller chercher mon père et de le ramener ici avec tous nos amis.

PAOLI. Tu as raison ! j'y vole.

Il sort.

SCENE XI.

REGINA, *seule.*

Enfin me voilà seule ; mais je ne suis pas encore au bout de mes peines. En suspendant mon mariage j'arrête seulement pour un instant le poignard que Michael veut s'enfoncer dans le cœur. Mon père et Paoli vont revenir... Il me faudra les suivre ou bien refuser net, et si je refuse... le couvent ! Oh ! mais ils ne me retrouveront pas ici... Je vais me sauver... Non, quelqu'un me verrait et les mettrait sur ma trace... J'aime mieux me cacher dans la maison même... Où cela ?... Oh ! derrière la cabane aux lapins, sous la paille ! On fouillera l'univers entier avant de me chercher là... A la nuit noire, je m'esquive, je cours chez Michael, et nous arrêtons ensemble le parti qui nous reste à prendre.

SCENE XII.

REGINA, MICHAEL, FRANCESCO, D'ALMINTI.

Le changement de costumes a eu lieu. Regina, sur le point de sortir, s'arrête en entendant du bruit, elle écoute à demi cachée par la porte d'entrée.

D'ALMINTI, *paraissant le premier.* Personne ! venez...

FRANCESCO, *à Michael.* Ainsi tu m'as bien compris.

MICHAEL. Parfaitement ! Je suis à mon affaire... (*Regina reconnaissant la voix de Michael s'élance au-devant de Francesco. Michael l'apercevant.*) Regina !

D'ALMINTI. Nous sommes découverts.

FRANCESCO. Oh ! malheur ! malheur !

REGINA, *regardant Francesco.* Ce n'est pas Michael.

MICHAEL. Eh non, le voilà... (*A Francesco.*) Soyez sans inquiétude.

REGINA. Je ne sais si je rêve, en vérité!.. Que signifie tout cela ?... Vous vous êtes donc moqué de moi?

MICHAEL, *à part.* Ma lettre, que j'ai oubliée.

REGINA. Quand je vous croyais près de l'eglise, attendant que j'en eusse franchi le seuil pour... entrer dans l'éternité, vous vous occupiez d'une joyeuse mascarade.

MICHAEL. Mascarade... Elle appelle cela une mascarade !...

REGINA. Vous m'avez trompée ! c'est affreux ! Je vous méprise.

MICHAEL. Tu me méprises ! Ah bon ! je saisis ton idée; tu te figures que j'ai renoncé à mon projet, et cela te désole... tu ne demandes que plaies et bosses, à ce qu'il paraît... sois contente alors... Je meurs toujours, ma chère, je meurs plus que jamais, pas d'un coup de stylet, par exemple ! Fi donc ! c'est la potence qui mettra fin à mes jours, et je vais de ce pas à sa rencontre; grand bien vous fasse... Adieu.

D'ALMINTI, *à Francesco.* Cette querelle d'amoureux ne finira pas... entraînez-le...

FRANCESCO, *à Michael.* Hâtons-nous, mon ami, ou tout est perdu.

MICHAEL. Marchons... je pleure comme un enfant... je ne savais pas qu'elle avait mauvais cœur !

REGINA. Michael, oublie mes dures paroles... tout ceci est une énigme pour moi, je comprends seulement que tu cours à ta ruine, et je ne veux pas que tu sortes.

MICHAEL. Je te pardonne ; mais il faut que je sorte, la colère m'a fait mettre les choses au pire... voici la vérité ; c'est notre bonheur à tous deux que je vais conquérir... je renonce à la poésie, j'entreprends une autre spéculation, tout aussi chanceuse; mais du moins, si je réussis, on nous mariera, on nous rendra riches, puissans, considérés...

REGINA. Et si tu échoues?

MICHAEL. Ah! dam.... j'y laisserai ma peau... tout ou rien, je joue gros jeu.... mais je gagnerai probablement la partie... Retarde donc ton mariage jusqu'à ce que mon sort soit décidé.

REGINA. Je te le jure... mais je souffrirais trop à attendre loin de toi l'issue de ton voyage... je veux t'accompagner.

FRANCESCO. C'est impossible !

MICHAEL. Impossible.

REGINA. Je le veux !... si tu meurs, je mourrai... subissons la même destinée...

MICHAEL. Sois raisonnable... (*A part.*) Miséricorde !... comment sortir de là?... (*Haut.*) Eh bien! puisque tu tiens à m'accompagner...

FRANCESCO. Je ne le souffrirai pas !

MICHAEL, *bas à Francesco.* Laissez-moi faire, j'ai mon idée... (*Haut.*) Il me faut un page. Regina sera le mien...elle va prendre les habits de ce gentil garçon.

Il désigne le page qui attend.

FRANCESCO. Je te comprends... (*A son page.*) Tu as dans ta valise ton costume de grande cérémonie... donne-le à cette jeune fille.

MICHAEL. Habille-toi vite.

REGINA, *sortant avec la valise du page.* Je serai bientôt prête.

SCENE XIII.

LES MÊMES, *excepté* REGINA.

MICHAEL. Maintenant décampons... (*A Francesco.*) Ne m'oubliez pas, monseigneur... Chère petite, si je ne devais plus la revoir... Allons, allons, pauvre Régulus, à Carthage! à Carthage!

FRANCESCO, *à d'Alminti.* Je t'attends ici.

D'ALMINTI. Si je tarde trop à revenir, partez sans moi.

MICHAEL. Ah! bast, prenons gaîment la chose... on rira peut-être...

Il sort avec d'Alminti.

SCENE XIV.

FRANCESCO, LUIGINA, D'ALMINTI.

FRANCESCO, *seul.* Quoi qu'il arrive, avec ce costume, et ma qualité de Milanais, je regagnerai Modène sans entraves, malgré la rupture de la trève... Je ne peux pas sortir avant de dire à cette femme que je suis sauvé.

Il frappe à la porte de Luigina.

LUIGINA, *ouvrant et reculant épouvantée.* Que voulez-vous?

FRANCESCO. Suis-je donc méconnaissable?... mais c'est moi, madame, Francesco de Modène.

LUIGINA. Vous êtes hors de danger?

FRANCESCO. Oui, madame; un pauvre diable que la Providence a jeté devant moi consenti à troquer son humble vêtement contre mes habits dorés, et à se rendre chez le gouverneur à ma place.

LUIGINA. Dieu lui soit en aide!... ma mission est remplie.

Elle veut s'éloigner.

FRANCESCO, *la retenant.* Ah! madame, je vous en conjure, avant de partir démasquez-vous, ou dites votre nom... il faut que je connaisse l'ange bien-aimé auquel je dois une reconnaissance éternelle.

LUIGINA. De la reconnaissance... vous ne m'en devez pas... ce que j'ai fait, une force invincible me poussait à le faire.... cette force, plus puissante que tout ce qu'il y a de sacré au monde, la pudeur, les liens du sang, c'est l'amour!... Oui, monseigneur,

l'amour seul m'a guidée... je suis venue à vous, non parce que la trahison m'est odieuse, mais parce que je vous aime!

FRANCESCO. Vous m'aimez, madame?..

LUIGINA. Ce masque voile la honte qui brûle mon front; grâce à lui, je peux la braver, et vous dire le secret qui fera le malheur de ma vie... Je vous aime, monseigneur, je vous aimais sans vous connaître, je vous aimais de réputation, et maintenant que je vous ai vu, maintenant que mon cœur a battu près du vôtre...

FRANCESCO, *l'interrompant.* Madame, la première fois qu'elle a frappé mon oreille, votre voix m'a troublé... à présent elle bouleverse tout mon être... oh! je vous aime aussi!...

D'ALMINTI, *entrant.* Monseigneur, nous sommes libres... A Modène! songeons à la vengeance.

LUIGINA. La vengeance! Malheureuse qu'ai-je fait?... Oh! monseigneur, soyez clément, Ranuzio est mon... prince.

Elle sort.

FRANCESCO. Elle s'éloigne!... laisse-moi, je veux la suivre... tu ne sais pas?... elle m'aime!

D'ALMINTI. Suivre cette femme, pour vous perdre... vous n'y pensez pas.

FRANCESCO. Que m'importe!

D'ALMINTI. Vous oubliez donc le pauvre Michael?

FRANCESCO. Eh bien! pour le délivrer et pour la revoir... il faut que je rentre vainqueur dans ce pays... la retrouverai-je?... mon Dieu! Oh! sa voix me guidera... Viens, viens!

D'ALMINTI. Nous ne pouvons voyager ensemble, ce serait imprudent.

FRANCESCO. C'est juste; séparons-nous, pars le premier à franc étrier, et qu'à mon arrivée je trouve mes soldats prêts à combattre. Ils sortent.

SCENE XV.

REGINA, *seule, puis* BRUNELLI, PAOLI, GENS DE LA NOCE.

REGINA, *vêtue en page.* Me voici... personne!...(*Elle court à la porte.*)Je suis enfermée!... (*Ouvrant la fenêtre.*) Michael!.. c'est lui que je vois à cheval près du gouverneur, au milieu de tous ces hommes d'armes... (*On entend la noce qui revient.*) Et les autres qui reviennent... Oh! je sortirai par cette fenêtre... Michael, tu m'as montré le chemin... malgré toi je te rejoindrai...

Elle descend par la fenêtre. Toute la noce rentre, Paoli appelle Regina, la cherche, et finit par rentrer en scène avec sa robe et ses souliers.

ACTE DEUXIÈME.

Le théâtre représente une salle grande et magnifique du palais ducal de Parme.

SCENE PREMIERE.

LA COMTESSE LUIGINA, BÉATRIX DE PONTINI.

LUIGINA. Oui, Béatrix, il est sauvé.

BÉATRIX. Avez-vous été prudente, signora? êtes-vous bien sûre que l'on ne vous a pas reconnue ?

LUIGINA. Oh! je suis tranquille à cet égard ; mais mon absence n'a-t-elle pas été remarquée ici?

BÉATRIX. Nullement, signora. J'ai dit au duc votre père que vous étiez indisposée, et que le repos et la solitude vous étaient nécessaires.

LUIGINA. A-t-il paru inquiet?.... a-t-il souvent envoyé demander de mes nouvelles?

BÉATRIX. Non, signora.

LUIGINA. Et la marquise, ma sœur?

BÉATRIX. Vous savez bien qu'elle vous déteste.

LUIGINA. Me haïr parce qu'on me trouve plus jeune et plus jolie qu'elle, c'est infâme, Béatrix! Elle me noircit aux yeux de mon père, pour me ravir son affection ; elle lui aura bientôt fait partager la haine qu'elle m'a vouée.

BÉATRIX. La jalousie est une passion bien cruelle !...

LUIGINA. Et qui cause d'affreux tourmens à ceux qu'elle domine... aussi je pardonne à ma pauvre sœur, et je la plains du fond de l'ame, quand je songe à ce qu'elle doit souffrir.

BÉATRIX. Signora, renoncez au rôle de victime ; il est temps de relever la tête à la fin et d'égaliser la lutte. Vous avez commencé en arrachant à la marquise Francesco de Modène , son ennemi mortel : continuez...

LUIGINA. Hélas! Béatrix, j'ai remporté là une victoire qui m'effraie... Francesco a juré de se venger sur l'heure...

BÉATRIX. Le duc votre père et la marquise traversent la galerie ; ils viennent de ce côté.

LUIGINA. Je ne veux pas les voir, leur présence m'épouvante... Eloignons-nous. Mon Dieu! je suis bien coupable!

Elles sortent.

SCENE II.

LA MARQUISE DE PONTREMOLI, RANUZIO.

RANUZIO. Maintenant que tous mes ordres sont donnés, il peut venir... Nous le tenons donc enfin, ce petit Francesco de Modène.

LA MARQUISE. L'insensé, qui a cru que l'on m'offensait impunément, et que ma vengeance n'arriverait pas tôt ou tard! Oh! la réparation sera éclatante !

RANUZIO. Je vais faire part au conseil de ce que je prétends exiger du duc de Modène. Quant à vous, ma fille, je vous préviendrai lorsqu'il vous faudra paraître et agir à votre tour.

LA MARQUISE. C'est un lion que nous allons garder en cage... toutes nos précautions sont-elles prises?

RANUZIO. Vous savez bien que je suis prudent.

Ranuzio sort par la gauche, la Marquise par le fond.

SCENE III.

MICHAEL, LE COMTE DE GUASTALLA, GARDES.

GUASTALLA. Votre altesse habitera cet appartement.

MICHAEL. C'est bien. (*A part.*) Je ne suis pas trop mal logé.

GUASTALLA. Je vais annoncer à mon prince l'arrivée de votre altesse.

MICHAEL. Allez! (*A part.*) J'espère que c'est parler en prince.

Le comte sort après avoir placé des sentinelles à chaque porte.

MICHAEL, *seul.* Diable ! je suis bien gardé... Voici l'endroit difficile... Depuis que j'ai mis le pied dans ce palais, j'éprouve je ne sais quel frémissement qui me parcourt tous les membres..... Ne nous laissons pas abattre... j'ai besoin de toute ma présence d'esprit... prenons ça gaîment.... j'ai dans l'idée qu'il y aura de quoi rire.

GUASTALLA, *rentrant.* Le duc mon maître est au conseil, il ne peut se rendre à l'instant même auprès de votre altesse; il la prie de vouloir bien agréer ses excuses...

MICHAEL, *à part*. Du moment qu'il est poli, je dois l'être aussi... (*Haut*.) Dites au duc, votre maître, que j'agrée ses excuses.

GUASTALA. Pardon si j'importune encore votre altesse... le page qui l'accompagnait n'a pas voulu rentrer à Modène ; il a suivi votre altesse pour lui offrir ses services. Qu'ordonne votre altesse ?

MICHAEL, *à part*. Ce dialogue est insupportable... votre altesse, votre altesse.... ça m'embrouille... Enfin il paraît que mon page est à Parme... (*Haut*.) Qu'il vienne.

Le comte sort.

SCENE IV.
REGINA, MICHAEL.

MICHAEL, *seul*. Mon page ! qu'est-ce que cela signifie ?... Il m'apporte peut-être des nouvelles de Francesco. (*Apercevant Regina qui entre*.) Regina ! Malheureuse, que viens-tu faire ici ?

REGINA. Je viens partager tes dangers, et mourir avec toi, si tu dois mourir.

MICHAEL. Tu es folle !

REGINA. O Michael !...

MICHAEL. Ne prononce pas ce nom, ce n'est plus le mien.

REGINA. Eh bien ! mon prince ne permettra-t-il pas à son page fidèle de le servir pendant sa captivité ?

MICHAEL. Mais tu sais donc tout ?... Le duc Francesco t'aurait-il appris ?...

REGINA. Non, j'ai suivi de loin ton cortége, et sur la route j'ai entendu de braves gens, causant entre eux, dire que le seigneur qui se tenait près du gouverneur était le duc de Modène...

MICHAEL. Parle plus bas ! les murs ont des oreilles ici.

REGINA. Je m'arrêtai, afin d'obtenir de plus amples informations..... mais tout-à-coup des soldats m'en tourèrent. La trève est rompue, mon gentilhomme, s'écria l'un d'eux ; vous êtes notre prisonnier... Je tremblais comme la feuille... Je sentis que l'on m'enlevait du sol, et lorsque je revins de ma stupeur, j'étais en croupe derrière l'officier...

MICHAEL. Pauvre enfant ! quel courage !

REGINA. A mon arrivée à Parme on m'a conduite près du gouverneur de Guastalla ; il m'a demandé pourquoi je n'étais pas rentré à Modène avec le comte d'Alminti.... Je ne comprenais pas cette question ; mais je savais que tu étais le duc de Modène et que j'étais ton page ; et j'ai répondu que je voulais voir mon prince, que mes services pouvaient lui être utiles... Tu connais le reste.

MICHAEL. C'est une nouvelle preuve d'amour que tu m'as donnée là... mais, par le Dieu vivant ! je t'en supplie, retourne à Guastala ; en restant ici, tu peux me perdre par une imprudence.

REGINA. En venant à toi, je t'ai sauvé... Si mon père et Paoli m'avaient trouvée dans ce costume, je leur eusse involontairement tout découvert.

MICHAEL. Tu as raison !.... Bonté du ciel ! c'est la Providence qui t'a guidée.

REGINA. Elle ne veut pas que nous soyons séparés.

MICHAEL. Mais si l'on te déclare ma complice, on te tuera comme moi... Oh ! va-t'en ! va-t'en !

REGINA. Si tu mourais, je mourrais...que le même coup nous frappe donc tous deux... restons ensemble jusqu'au dernier soupir...

MICHAEL, *avec enthousiasme*. C'était bien la femme de mon imagination..... Quelle sublime poésie dans son ame !... Regina, tu étais digne de l'amour d'un empereur ! tu étais digne de l'amour d'un empereur... voilà tout ce que je peux te dire.

UN PAGE, *annonçant*. Le Grand Duc.

MICHAEL. Mon cœur bat comme un enragé.

REGINA. Du courage !

MICHAEL. J'en aurais si j'étais seul exposé ; mais toi, chère petite !... C'est une question de vie ou de mort qui va se décider pour nous... Je deviens lâche maintenant... j'ai peur... Pas d'inconséquence... n'oublie pas que je suis Francesco II de Modène et que tu es mon page !

REGINA. Je jouerai bien mon rôle.

MICHAEL. Michael, mon ami, voici le moment de justifier ta vocation de poète improvisateur.

SCENE V.
LES MÊMES, RANUZIO II.

RANUZIO. Salut à mon hôte !

REGINA, *à part*. Drôle d'hospitalité qu'il accorde là !...

MICHAEL, *cherchant à maîtriser son trouble*. Que Dieu garde votre Seigneurie et...

RANUZIO. J'espère que l'on a eu pour votre altesse les égards dus à son rang et surtout à son rare mérite.

MICHAEL. C'est trop de bonté. (*A part.*) Ah çà ! mais je dis des bêtises..... d'après mes instructions, je dois être furieux, indigné...

RANUZIO, *à part.* Je ne m'attendais pas à cet accueil... Pas de fureur, pas d'injures : c'est étrange ! (*Haut.*) Je suis confus de m'être fait attendre si long-temps... je vous remercie d'avoir agréé mes excuses.

MICHAEL. Oui, j'ai bien voulu vous excuser... mais trève de politesse... marchons droit au but, sans mielleux détours... parlons peu et parlons bien : c'est mon système.

RANUZIO, *à part.* Le lion se réveille enfin !

MICHAEL, *à part.* Maintenant que je suis lancé, je vais joliment l'arranger...

RANUZIO. Asseyons-nous.... (*A part.*) Je ne sais comment entamer la conversation. Ma fille m'a mis dans une vilaine affaire... (*Haut.*) Dites à votre page de se retirer.

MICHAEL. Enfant ! à l'antichambre !

REGINA, *à part et en sortant.* Bravo ! on croirait qu'il a été prince toute sa vie.

MICHAEL, *à part.* C'est égal... je suis très-mal à mon aise... je boirais volontiers un verre d'eau... ma langue est sèche...

RANUZIO, *d'un air fort embarrassé.* Vous êtes en mon pouvoir...

MICHAEL. Je le sais parbleu bien, et je vous félicite de la bravoure et de la loyauté avec lesquelles vous m'avez fait prisonnier.

RANUZIO. Cette raillerie ne me blesse nullement... mon opinion est qu'en guerre tous les moyens sont bons... et puis je me repose sur un proverbe qui dit : La fin purifie les moyens.

MICHAEL. La fin est pour vous le moment présent ; pour moi, c'est l'avenir : nous verrons ce qu'il nous réserve à tous deux... à vous le mépris et la honte, à moi l'estime et la gloire ! (*A part.*) Ça va tout seul ; je suis prince jusqu'au bout des ongles.

RANUZIO. Soyons calmes, je vous prie, et j'espère que nous terminerons les choses d'une façon toute amicale... Votre prophétie ne m'épouvante pas.... mes vassaux m'honoreront et m'estimeront infiniment, car je leur donnerai ce qu'ils désirent si ardemment, la paix ; ils me sauront gré de les avoir fait triompher, à l'aide d'une ruse, il est vrai...

MICHAEL. Vous voulez dire une trahison abominable ! mettons les points sur les i.

RANUZIO. Eh bien, soit !... une trahison qui évite de nouveaux combats, de nouveaux ravages, qui arrête les flots de sang qui depuis trop long-temps inondent nos contrées...Je m'inquiète peu de ce que l'on pensera... ma conscience est pure, j'agis dans l'intérêt de l'humanité, j'épargne la vie de plusieurs milliers d'hommes ; c'est Dieu qui m'a inspiré, il me bénira.

MICHAEL, *en ricanant.* Oh! oh!.... c'est déplorable... on parvient toujours à s'excuser ; mais, je vous le répète, l'avenir décidera. Maintenant concluons : que prétendez-vous faire de moi ? (*A part.*) Voilà ce qu'il m'importe de savoir.

RANUZIO. Signez ce traité d'alliance, et vous pourrez retourner à Modène aussitôt que tous les engagemens contractés auront été fidèlement remplis.

MICHAEL, *à part.* Je signerai tout ce qu'il voudra pour qu'il me permette de m'en aller.

RANUZIO, *à part.* Décidément il est doux comme un agneau. On me l'avait dit si terrible !

MICHAEL. Je vous écoute.

RANUZIO, *lisant.* «Ce vingt-septième jour de juin de l'an 1696, il a été convenu, etc., etc.,» je passe les formules d'usage.

MICHAEL. Passez, passez.

RANUZIO. « Article premier. Vous licencierez au moins les trois quarts de vos troupes, et vous ne garderez désormais que le nombre de soldats nécessaire à la sûreté de votre duché.

MICHAEL. Allons donc !... vous n'y pensez pas... mais si l'on m'attaquait, comment me défendrais-je ?

RANUZIO. Votre allié fidèle et dévoué s'empressera de venir à votre secours.

MICHAEL. Est-ce tout ?

RANUZIO. «Article deuxième. Vous renoncerez aux conquêtes par vous faites sur mon duché de Parme. »

MICHAEL. Il est bien cruel de perdre ainsi les fruits d'une victoire achetés si cher..... n'importe, je consens... j'aime encore mieux cela que le désarmement.....

RANUZIO. « Article troisième. Vous me livrerez les citadelles qui, sur tous les points, défendent vos frontières.»

MICHAEL. Oh ! mais je ne sais pas si je dois.... pourtant je puis en faire construire d'autres... J'espère qu'il n'y a pas d'article quatrième?

RANUZIO. Pardon, le voici. Vous me livrerez encore Montagnano, Alzer, La Preda, Sassuolo, Corregio...

MICHAEL, *se levant indigné.* Tout cela ! c'est exorbitant !

RANUZIO, *avec mystère.* L'article cinquième est contenu dans la lettre que je vous ai écrite il y a deux mois, et qui est restée sans réponse : il m'en faut une à présent.

MICHAEL. La lettre que vous m'avez écrite il y a deux mois...

RANUZIO. Oui... Que dites-vous?...

MICHAEL. Elle était fort bien votre lettre.

RANUZIO. Ce n'est pas un compliment que je vous demande, c'est une réponse positive.

MICHAEL, *à part*. Diable! diable!

RANUZIO. Eh bien?

MICHAEL. Je veux réfléchir... je ne puis maintenant vous répondre; mais je vous donne ma parole d'honneur que demain vous serez fixé à cet égard.

RANUZIO. Soit! A demain la discussion de l'article cinq; mais vous acceptez les précédens.

MICHAEL. Eh bien! oui... j'accepte.

RANUZIO. Passons donc à l'article sixième. Oh! c'est une bagatelle..... Vous me donnerez Reggio sur le Crostolo...

MICHAEL, *se levant*. La patrie de l'Arioste maintenant! le plus grand poète del'Italie, cet homme immortel, divin... Oh! demandez-moi ma vie, mais pas Reggio... j'y tiens trop.

RANUZIO. Reggio m'est pourtant indispensable ainsi que Carrara, La Mirandola et Castello Nuovo.

MICHAEL. Rien que cela... vous n'êtes pas dégoûté... Carrara, qui fournit de si beaux marbres, et puis le chef-lieu d'une principauté et deux places fortifiées pardessus le marché... Mais que me resterait-il donc à moi?

RANUZIO. Votre bonne ville de Modène.

MICHAEL. Et encore l'entourerez-vous de toutes parts...

RANUZIO. De manière à ce qu'à la moindre violation des clauses de ce traité je puisse vous forcer à rentrer dans l'ordre...

MICHAEL. Vous agissez en ennemi dénué de toute espèce de générosité et de délicatesse... Vos prétentions sont démesurées, exorbitantes, je les rejette, je refuse net... (*A part*.) Je lui donnerais le monde entier pour ce qu'il me coûte, mais je me révolte un peu... cela fait bien... (*Haut*.) Vous avez cru que... Je ne consentirai jamais....

RANUZIO. Vous oubliez que vous êtes en mon pouvoir.

MICHAEL. Pensez-vous donc que mes soldats ne tenteront pas tout au monde pour me délivrer?

RANUZIO. Vous oubliez que je puis arrêter leur marche en les menaçant de vous tuer s'ils ne mettent à l'instant bas les armes...

MICHAEL. Quoi! vraiment... vous abu-

seriez ainsi! de votre position... (*A part*.) Cela se complique terriblement! malheureux prince que je suis!...

RANUZIO. Je vous laisse; réfléchissez...

Il sonne, le comte paraît.

SCENE VI.

Les Mêmes, LE COMTE DE GUASTALLA.

RANUZIO, *au comte*. Comte de Guastalla, j'ai confié le duc de Modène à votre garde; vous m'en répondez sur votre tête.

GUASTALLA. Mon prince daignera-t-il m'écouter une minute? l'affaire est grave.

RANUZIO. Parlez.

GUASTALLA. Un homme a été arrêté par mes gens aux environs de Guastalla. Ses manières fort suspectes et surtout le faux nom qu'il se donne, me le font supposer Modenois.

RANUZIO. Eh bien! s'il est Modenois, qu'on le conduise à la citadelle.

GUASTALLA. Pardon, monseigneur..... mais les circonstances qui ont amené l'arrestation de cet inconnu sont tellement étranges et inexplicables que je désire les commettre à la haute sagacité de votre altesse... Et puis j'ai interrogé le prisonnier; il a d'abord refusé de répondre, et j'allais le faire pendre, selon l'usage, lorsqu'il m'a déclaré qu'il ne parlerait qu'à votre altesse et qu'il lui révélerait des choses très-importantes.

MICHAEL, *à part*. C'est mon histoire qu'il va conter... je suis flambé.

RANUZIO, *regardant Michael, à part*. Il a pâli... il comptait sur le secours de cet homme... (*Haut*.) Qu'on introduise le prisonnier.

GUASTALLA, *étonné*. Ici, monseigneur?

RANUZIO. Pourquoi pas?... Francesco II a autant d'intérêt que moi à savoir des nouvelles de son duché.

Le comte sort.

MICHAEL. Merci de la galanterie. (*A part*.) Soutenons vaillamment le choc, mourons en brave... Mais Regina...

RANUZIO, *à part*. Tu conservais encore des espérances, Francesco je vais les faire tomber devant toi. (*Haut*.) Voilà comme on nous trahit sans cesse... l'espion que vous aviez chargé de surprendre mes secrets va maintenant me livrer les vôtres pour sauver sa vie... Du reste vous pourrez le reconnaître et le châtier plus tard...

MICHAEL, *avec un rire forcé*. Vous êtes trop aimable. (*A part*.) C'est égal! il n'y a plus moyen de prendre cela gaîment.

SCÈNE VII.

Les Mêmes, LE COMTE DE GUAS-TALLA, FRANCESCO, PAOLI, *la tête enveloppée d'un bandeau*, Gardes.

MICHAEL, *épouvanté, à part.* Francesco II!... Paoli!... (*Il cache son visage avec son mouchoir.*) Pauvre prince! tous mes efforts n'ont pu le tirer d'embarras...

FRANCESCO, *à part.* Il ne faut plus songer qu'à sauver Michael.

MICHAEL, *à part.* Si Paoli ne me reconnaît pas, nous sortirons peut-être du bourbier...

RANUZIO, *après avoir considéré attentivement Michael et Francesco, à Francesco.* Tu es Modenois...

FRANCESCO, *à part.* Ne nous considérons pas encore comme battu...

RANUZIO, *avec impatience.* Tu es Modenois!... répondras-tu à la fin?

FRANCESCO. Non, monseigneur, je suis Milanais.

GUASTALLA. La déposition de l'enseigne de mes hommes d'armes est indispensable à l'éclaircissement de l'affaire... votre altesse lui permettra-t-elle d'élever la voix?

RANUZIO. Je l'écoute.

GUASTALLA. Répète tout ce que tu m'as dit, et sois bref...

FRANCESCO. Cette narration me donnera le temps de chercher ma défense.

PAOLI. J'allais me marier, monseigneur; mais voilà qu'au moment de partir pour l'église... on m'enlève ma fiancée... Par bonheur, je trouve une lettre qui m'indique le ravisseur... un nommé Michael... un misérable...

RANUZIO. Mais ceci est étranger à ce qui m'intéresse... Vite, au fait...

MICHAEL. Je suis sur le gril.

PAOLI. Voici, mon prince; je cours après les fugitifs, et j'aperçois bientôt cet homme qui, de dos, ressemblait parfaitement à mon Michael... Halte-là! ravisseur, lui dis-je en le saisissant au collet; où est ma fiancée?... Le malhonnête me répond par un coup de poing exécrable qui me renverse privé de toute espèce de connaissance... J'ai vu je ne sais combien de millions de chandelles... voici la marque... (*Il ôte son bandeau.*) Des camarades passaient, ils sont venus me secourir, mais mon assassin ne s'est rendu qu'après en avoir tué trois... Bref, quand j'ai repris l'usage de mes sens j'étais chez le grand-bailli, qui interrogeait notre individu : Ton nom? disait le bailli—Michael, répondait celui-ci. Sa voix m'étonna, je le regardai en face, et je ne reconnus pas Michael... Je me suis trompé! m'écriai-je, ce n'est pas Michael. Lui soutint le contraire... Je croyais avoir la berlue... Il s'en est suivi des explications, des questions; il s'est embrouillé, contredit, et il a été déclaré espion modenois... Alors...

RANUZIO. C'est assez! tais-toi!

PAOLI, *tombant à genoux.* Que votre sublime altesse daigne encore m'écouter. J'ai bien mérité de la patrie en lui livrant un de ses ennemis acharnés... je demande pour récompense que l'on extermine Michael.

RANUZIO. Assez! tais-toi.

PAOLI, *se relevant, à part, avec rage.* O ingratitude des souverains, tu n'es pas une chimère!

MICHAEL, *à part.* Par bonheur, Paoli ne m'a pas encore regardé.

FRANCESCO, *réfléchissant, à part.* Non, on ne croirait pas cela.

RANUZIO, *à Francesco.* Tu es un espion, c'est prouvé; tu as de plus tué trois hommes; donc tu as largement gagné la potence; mais tu peux encore racheter ta vie en faisant la déclaration importante que tu as promise.

FRANCESCO, *à part.* C'est vrai... j'ai promis une révélation pour ne pas être pendu... Il faut absolument que j'en fasse une... mais laquelle?...

RANUZIO. J'attends.

FRANCESCO, *à part.* Gagnons du temps. (*Haut.*) J'ai déclaré que je ne parlerais qu'à votre altesse.

RANUZIO, *au comte de Guastalla et à Paoli.* Retirez-vous.

MICHAEL, *à part.* Paoli s'éloigne... je suis plus à mon aise... j'oserai m'exprimer maintenant...

PAOLI, *en sortant regarde Michael, à part.* Oh! c'est prodigieux! comme le duc de Modène ressemble à Michael!

SCÈNE VIII.

MICHAEL, RANUZIO, FRANCESCO.

RANUZIO, *à Francesco.* Allons, à présent, explique-toi.

FRANCESCO, *à part.* Le diable m'emporte si je sais ce que je vais dire...

RANUZIO, *à part.* Le drôle manque d'audace... Il est intimidé par la présence de son maître... (*Bas à Francesco.*) Si tu ne parles pas ici, devant le duc de Modène, je te fais pendre.

MICHAEL, *à part.* Je crois, Dieu me pardonne, qu'il est embarrassé... venons à son aide; vrai pour un prince, c'est impardonnable! (*Haut à Francesco.*) Cesse de te creuser la cervelle en cherchant un mensonge, mon pauvre ami... (*A part.*) Je le tutoie, cela produit un bon effet. (*Haut.*) Nous sommes tous les deux pris au piége; rendons-nous donc. Jette le masque et dis la vérité.

FRANCESCO, *stupéfait.* J'attendais l'ordre de votre altesse...

RANUZIO, *à Francesco.* Seriez-vous gentilhomme?

FRANCESCO. Oui, monseigneur.

RANUZIO. Votre nom?

FRANCESCO. Je suis le baron Carlo d'Assola.

MICHAEL, *à part.* Qu'il parle à son tour, il me donnera le temps de trouver quelque chose...

RANUZIO, *à Francesco.* Quelle était votre intention en vous aventurant, malgré la rupture de la trève, dans mon duché de Parme?

FRANCESCO. Je voulais délivrer mon prince.

MICHAEL, *à part.* Très-bien... cela marche tout seul... J'ai notre affaire à présent.

RANUZIO, *à Francesco.* Quel moyen deviez-vous employer pour...?

MICHAEL, *vivement.* Ceci est mon secret... Carlo, je te défends de le dévoiler. (*A Ranuzio.*) Je vous prie, monseigneur, de ne pas insister. (*A part.*) La chose eût été difficile à expliquer.

FRANCESCO, *à part.* Très-bien! il a certainement plus d'esprit que moi...

MICHAEL, *à Ranuzio.* Je ne vous cacherai pas, monseigneur, que l'arrestation de Carlo a fait tomber la seule espérance qui me soutenait. Lorsqu'on n'entrevoit plus aucune ressource, on est forcé de se soumettre : la nécessité est une loi bien cruelle, mais il faut lui obéir quand même... J'accepte donc toutes les conditions par vous exigées.

FRANCESCO. Il paraît qu'il avait refusé d'abord... il est charmant.

MICHAEL. Donnez-moi le traité que je le signe.

RANUZIO. Le voici. (*A part.*) Il consent bien facilement; c'est qu'il a la vengeance en vue. Oh! mais tu es dans mes griffes, Francesco, et tu n'en sortiras que bien muselé.

MICHAEL, *signant.* Le double maintenant. (*Il signe encore, puis déposant la plume.*) C'est fini!... Adieu mes glorieuses conquêtes, adieu mon beau duché, adieu Carrare aux marbres magnifiques; et toi Reggio, ma ville bien-aimée, qui entendis

les premiers chants du grand poète. (*Bas à Francesco.*) Pleurez donc aussi, monseigneur... des larmes... (*Il passe son mouchoir sur ses yeux comme s'il essuyait ses larmes. Après un silence, avec rage.*) Et c'est la trahison qui me dépouille!... O Seigneur tout-puissant, je vous prierai chaque jour de me donner la vengeance.

RANUZIO, *à part.* Je serai sur mes gardes.

FRANCESCO, *à part, en regardant Michael.* Il est sublime.

MICHAEL, *à part.* Je l'enfonce parfaitement bien, le vieux scélérat. (*Haut à Francesco.*) Tu seras mon fondé de pouvoirs, Carlo.

FRANCESCO, *jouant l'émotion.* Mon pauvre maître...

MICHAEL, *à Francesco.* Un homme ne doit pas pleurer; Carlo, sèche tes larmes; tu veilleras à ce que tous les engagemens que je contracte soient fidèlement remplis; car je ne serai libre qu'après la complète exécution de cet odieux traité..... N'oublie pas cela, et dis-le bien à d'Alminti. (*Il écrit quelques lignes sur un papier.*) Voici ma procuration... maintenant vite à Modène! il me tarde de quitter ce palais.

FRANCESCO, *à part.* A Modène! La hardiesse et la présence d'esprit de cet homme me sauvent encore une fois...

MICHAEL, *à Ranuzio.* J'espère que vous fournirez à mon chargé d'affaires le moyen de voyager sans entraves.

RANUZIO, *à part.* Une voix secrète me dit que je suis dupe...Oh! que m'importe! je tiens Francesco; c'est un bon otage, et je ne le lâcherai pas. (*Haut.*) Le baron d'Assola aura un pompeux cortége, qui rendra plus imposantes les fonctions que vous lui confiez.

MICHAEL. Mais qu'il parte à l'instant...

RANUZIO. Je vais donner des ordres.

FRANCESCO, *à Michael.* C'est un pénible devoir qu'il me faut remplir, mon noble maître. (*A part.*) Il faut que je lui rende les honneurs dus au titre qu'il porte.

Il s'agenouille et veut baiser la main de Michael.

MICHAEL, *se relevant.* Debout! debout!... Que suis-je donc maintenant?.. Un prince dépossédé, un roitelet sans couronne et sans sceptre... Oh! dans mes bras!... Il m'est doux de conserver un ami quand le malheur m'accable. (*En embrassant Francesco, bas à son oreille.*) Pas d'imprudence surtout, monseigneur.

FRANCESCO, *à voix basse.* Les paroles me manquent pour te témoigner mon admiration.

RANUZIO, *à Michael.* Vous êtes mon

allié. maintenant. Paraissons donc ensemble sur la terrasse et annonçons au peuple une paix éternelle.

MICHAEL. J'y consens. (*A part.*) Pourvu que je ne rencontre pas Paoli... et Regina !... Mon Dieu ! nous marchons sur un volcan...

RANUZIO, *à part.* A ma fille maintenant à faire le reste.

Il sort avec Michael. On entend les tambours qui battent aux champs.

SCENE IX.

FRANCESCO, seul.

A Modène ! à Modène !... Cet homme est vraiment remarquable... Il vient de révéler une rare intelligence... Quelle hardiesse !... Il ne se contente pas de me rendre libre... il me fait encore donner une escorte qui puisse faciliter ma route... Et bien ! sans cette circonstance malheureuse, cet homme restait confondu dans la foule, il mourait misérable... Mais lisons ce traité..... (*Après avoir lu rapidement.*) Quelle impudence ! Ah ! Ranuzio, tu voulais me dépouiller complètement... Prends garde à tes duchés, je t'infligerai la peine du talion... (*On entend les cris de vive Ranuzio II ! vive Francesco II !*) Ma vengeance est déjà commencée... tu es bafoué par un pauvre poète... Oh ! mais le poète est en ton pouvoir... Comment te l'arracherai-je?..

Il tombe dans une profonde rêverie.

SCENE X.

FRANCESCO, LUIGINA, LA SIGNORA BEATRIX.

LUIGINA, *à Beatrix.* Hâtons-nous, Beatrix... il faut que j'avoue tout à mon père ; je ne savais pas que ma conduite aurait des conséquences tellement graves... le remords m'accable.... Oh ! viens, viens... (*Apercevant Francesco.*) Grand Dieu ! c'est lui !

FRANCESCO, *sortant de sa rêverie.* Je ne suis pas seul... Quelles sont ces dames ?

LUIGINA, *s'avançant effrayée.* Vous êtes prisonnier, monseigneur ?

FRANCESCO, *étonné, à part.* Cette femme me connaît ! ô malheur ! malheur !

LUIGINA. A présent êtes-vous donc libre ?

FRANCESCO. Oui, madame... Mais je ne me trompe pas... c'est bien vous... Qu'elle

est belle !... oh ! ne cherchez pas à nier.... votre masque ne pouvait déguiser votre voix.

LUIGINA, *effrayée.* Silence ! silence !

FRANCESCO, *à voix basse.* Je vous ai dit que je vous aimais, madame, et je disais vrai... Malgré tous les dangers qui me menaçaient, votre voix résonnait toujours à mon oreille et soutenait mon courage.... j'oubliais le péril pour ne penser qu'à vous.

LUIGINA. N'avez-vous plus rien à craindre maintenant ?

FRANCESCO. Je suis à peu près tranquille, la ruse a parfaitement réussi... Ranuzio croit que je suis le baron d'Assola.... je vais aller à Modène, afin de veiller à l'exécution du traité que vient de signer le faux Francesco II... j'attends mon escorte.

LUIGINA, *à part.* Il faudra donc me taire jusqu'à ce qu'il ait atteint le port... dois-je pour lui vouer ma famille au ridicule?

FRANCESCO. Oh ! laissons de côté l'intrigue qui m'a sauvé... répétez-moi que vous m'aimez... que j'entende encore cette sainte parole sortir de votre bouche.

LUIGINA. Il y a entre nous un obstacle insurmontable

FRANCESCO. Je le franchirai, je le jure, dussé-je y perdre mon honneur !...

LUIGINA. Insensé, vous ne savez pas qui je suis !

FRANCESCO. Que m'importe à moi votre nom ? je ne veux pas le connaître... qui que vous soyez, je vous aime et je vous offre la moitié de ma couronne ducale.

LUIGINA. Votre amour tombera avec le mystère qui m'enveloppe.

FRANCESCO. Oh ! non, j'en fais ici le serment.

LUIGINA. Ce serment d'amour est détruit par un serment plus puissant encore.

FRANCESCO. Lequel ?

LUIGINA. C'est un serment de vengeance.

BEATRIX. On vient !

LUIGINA. Adieu, monseigneur, oubliez-moi.

FRANCESCO. Jamais, jamais !

LUIGINA. Ne parlez de moi à personne, vous me perdriez. (*A part en sortant.*) Je je me tairai, je l'aime trop pour causer sa ruine.

SCENE XI.

FRANCESCO, LE COMTE DE GUASTALLA.

FRANCESCO, *à part.* Un serment de vengeance, a-t-elle dit...

GUASTALLA, *entrant*. Votre escorte vous attend, baron d'Assola.

FRANCESCO. Je suis prêt à partir.

GUASTALLA. Venez donc !

SCENE XII.

LES MÊMES, LA MARQUISE DE PONTREMOLI. *Le comte va pour sortir, la marquise lui barre le passage ; le comte s'incline et baise respectueusement la main de la princesse.*

FRANCESCO, *à part*. Cette femme ne peut être que la marquise de Pontremoli.

LA MARQUISE, *à Francesco*. Baron d'Assola, votre départ est retardé.

FRANCESCO, *à part*. Voilà qui est fâcheux.

LA MARQUISE, *à Francesco*. J'espère que vous n'aurez à porter à Modène que de joyeuses nouvelles.

FRANCESCO, *à part*. Michael est-il sur le point de soutenir une nouvelle attaque ? j'ai chanté trop tôt victoire.

LA MARQUISE, *après avoir causé à voix basse avec le comte, à Francesco*. Vous attendrez dans la galerie voisine vos nouveaux ordres, allez... Quant à vous, comte de Guastalla, exécutez ceux que je viens de vous donner.

FRANCESCO, *à part en sortant*. Que vat-il se passer, mon Dieu ?

SCENE XIII.

LA MARQUISE, *puis* MICHAEL *et* REGINA.

LA MARQUISE, *seule*. Je vais donc enfin l'avoir cette entrevue que j'ai si ardemment désirée... ma vengeance m'a coûté bien des veilles et des soucis, mais comme elle est raffinée !.. Voici Francesco.

MICHAEL, *à Regina*. Sois prudente, je ne saurais trop te le répéter... si Paoli t'aperçoit, nous perdons tout espoir de salut.

REGINA. Pour me défigurer, j'ai envie de me faire une paire de moustaches.

MICHAEL. Mauvais, mauvais, ma chère ! cherche un autre moyen... Silence, nous ne sommes pas seuls... (*A part*.) C'est la même vieille femme qui était près de moi tout-à-l'heure sur la terrasse.

LA MARQUISE, *à part*. Ce page est bien certainement du sexe féminin.

MICHAEL, *à part*. Je ne suis pas encore au bout de mes peines. (*Haut*.) Est-ce au hasard, madame, que je dois cette gracieuse rencontre ?

LA MARQUISE. Non, monseigneur : en ennemie généreuse, je viens apporter quelques consolations au pauvre capif. (*A Regina*.) Sortez.

MICHAEL, *à part*. Diable ! elle va me consoler, la vieille.

REGINA, *à part*. Comme elle a l'air méchant !

LA MARQUISE, *à Regina*. N'as-tu pas entendu ?

REGINA. J'obéis, madame.

LA MARQUISE, *à part*. C'est une femme, elle est jalouse.

REGINA, *à part, en sortant*. Cela m'ennuie moi... Oh ! mais les trous de serrure n'ont pas été inventés pour rien... on voit et on écoute par là.

LA MARQUISE, *à part en regardant Regina qui sort*. Je ne m'étais pas trompée, c'est une femme.

MICHAEL, *d'un ton résigné, à part*. Allons encore une venette à essuyer.

LA MARQUISE. Ma conduite et mon langage vous étonnent, n'est-ce pas ?

MICHAEL. Oui, je l'avoue...

LA MARQUISE. Je devrais vous haïr de toute ma force, car vous m'avez mortellement outragée.

MICHAEL, *à part*. Je l'ai outragée, ce n'est pas bien.

LA MARQUISE. Les femmes n'ont pas de haine... J'oublie les cris de mon orgueil ulcéré ; je renonce à tous projets de vengeance, et je vous pardonne... oh ! je fais plus, je vous rends le bien pour le mal... je veux vous sauver !

MICHAEL. Me sauver !... (*A part*.) Il ne faut jamais juger sur les apparences.

LA MARQUISE, *jouant l'émotion*. Oh ! mais j'ai l'air de me repentir de ce que j'ai dit... oui, oui, monseigneur, je veux vous sauver.

MICHAEL. Et comment cela ?... par quel moyen ?

LA MARQUISE. Je vais vous l'apprendre.

MICHAEL. Oh ! que je connaisse d'abord le nom de mon aimable protectrice !.

LA MARQUISE, *étonnée*. Eh quoi ! ne me reconnaissez-vous pas ?

MICHAEL, *à part avec effroi*. Il paraît qu'ils se sont déjà vus, elle et le prince... il faut qu'elle ait les yeux bien faibles pour ne pas l'apercevoir... je suis mort si elle met ses lunettes.

LA MARQUISE, *avec rage*. C'était donc vrai !... on ne m'avait pas trompée... vous avez rejeté avec dégoût mon portrait, sans vouloir le regarder.

MICHAEL, *à part.* Elle est furieuse. (*Haut.*) C'est faux !... complètement faux ! (*A part.*) Son portrait, je n'y comprends absolument rien... (*Haut.*) C'est faux, madame, je vous le répète, je vous le jure; on m'a calomnié, ma parole d'honneur !... j'ai long-temps contemplé votre image... je vous remets maintenant... mais l'artiste chargé de reproduire vos traits n'est pas habile...

LA MARQUISE, *flattée.* La ressemblance était presque nulle... je suis de votre avis, l'ignorant m'avait vieillie...

MICHAEL. De vingt ans au moins. (*A part.*) Flattons sa manie.

LA MARQUISE. Vous exagérez !

MICHAEL. Non pas... et puis il vous avait fait un nez absurde, une bouche démesurée... oh ! quelle bouche !... longue comme cela... au lieu de ces lèvres de rose, fines et mignonnes... ce peintre est un massacre, un misérable, un imposteur... oui, un imposteur.... car enfin, c'est un infâme mensonge qu'il a commis...

LA MARQUISE. Il mérite la potence !... s'il se représente devant moi... mais revenons à ce qui vous intéresse.

MICHAEL. Ah ! oui, volontiers.

LA MARQUISE, *à part.* Toute ma haine s'éteint... il me paraît excusable à présent; je conçois son refus... car enfin j'étais laide d'après mon portrait. (*Haut.*) Le duc mon père est très-vindicatif... il a long-temps résisté à mes prières.

MICHAEL, *à part.* Oh ! c'est la marquise de Pontremoli.

LA MARQUISE. Mais il a fini par consentir... il renonce à toutes ses prétentions sur votre duché, et n'exige de vous que la reddition des châteaux et villages que vous lui avez arrachés.

MICHAEL. Quoi ! vraiment !... je ne serais plus dépossédé ?... on me rendrait.... Oh madame, vous vous êtes noblement comportée.

LA MARQUISE. Le prince Ranuzio ne met à cet acte de clémence qu'une seule condition.

MICHAEL. Laquelle ?

LA MARQUISE. Il s'agit simplement d'une réparation fort juste, qui n'a rien que d'honorable pour vous, et qui sera toute-puissante à effacer une injure cruelle par vous faite à une faible femme...

Elle lui tend la main.

MICHAEL. J'accepte d'avance... oh ! de grand cœur. (*Il lui baise respectueusement la main, à part.*) Je suis heureux d'en être quitte à si bon marché.

LA MARQUISE, *se levant.* Notre mariage sera célébré demain sans doute.

MICHAEL, *stupéfait.* Notre mariage !.... comment ! il faut que je vous épouse ?

LA MARQUISE, *indignée.* Allez-vous refuser maintenant ?

MICHAEL. Ai-je donc accepté ?

LA MARQUISE, *avec rage.* Misérable !.. ce nouvel affront ne restera pas impuni !.. tout ton sang ne suffira pas !

MICHAEL, *avec effroi.* Tout mon sang ! c'est donc ma mort que vous voulez, madame ? avant de me maudire, laissez-moi me disculper... J'ai hésité d'abord, parce que mon cœur appartenait à une autre, mais je le lui reprends et je vous le donne.

LA MARQUISE, *à part.* Le petit page est condamné. (*Haut.*) C'est bien, je vais instruire mon père du bon résultat de notre entretien... A bientôt, monseigneur.

◆◆◆◆◆◆◆◆◆◆◆◆◆◆◆◆◆◆◆◆◆◆◆◆◆◆◆◆◆◆◆◆◆◆◆◆◆

SCENE XIV.

MICHAEL, *puis* REGINA *et* FRANCESCO.

MICHAEL, *seul.* Marié ! marié !... c'est un vrai guet-apens.

REGINA, *entrant furieuse.* C'est affreux !.. c'est affreux !

FRANCESCO, *riant aux éclats.* Oh ! la bonne plaisanterie !

MICHAEL, *à Francesco.* Les affaires se compliquent horriblement... vous ne savez pas ?

REGINA. Si vraiment, nous avons tout entendu.

MICHAEL. Eh bien ! qu'en penses-tu ?

REGINA. Je pense que c'est une horreur ! vous êtes un scélérat... vous avez accepté.

MICHAEL. Que voulais-tu que je fisse ?... que je mourusse peut-être ?

REGINA. Vous êtes un monstre ! moi qui vous avais tout sacrifié !...

MICHAEL. Mais je suis plutôt à plaindre qu'à blâmer.

FRANCESCO, *riant toujours.* Oh ! ma vengeance est superbe, le hasard l'embellit à plaisir.

MICHAEL, *à Regina.* Tu as tort de te fâcher... il paraît que c'est drôle, le prince rit aux larmes.

FRANCESCO. Michael, tu es mon bon génie, mon ange tutélaire, je ne donnerais pas ma journée pour un royaume.

MICHAEL. Décidément, vous trouvez que cela tourne au comique ?

FRANCESCO. Eh quoi ! tu n'es pas heureux ? tu voulais de la gloire, tu en as acquis plus qu'il n'en faut pour t'immortaliser pendant vingt siècles... tu pourras dire : J'ai épousé une princesse héritière de deux duchés... Ah ! ah !

MICHAEL. Je ne demande pas mieux que de prendre cela gaîment, mais Regina est furieuse... elle ne comprend pas.

FRANCESCO. Sèche tes larmes, jeune fille, tout s'arrangera admirablement... on donnera des fêtes en réjouissance de ce beau mariage!.. je profiterai de l'ivresse dans laquelle seront plongés les soldats, je les culbuterai facilement... votre délivrance est certaine...

MICHAEL. Oui, c'est vrai.

FRANCESCO. Silence, voici Ranuzio.

SCENE XV.

LES MÊMES, RANUZIO.

RANUZIO, *à Michael*. Salut à mon gendre.

MICHAEL. Salut à mon beau-père.

RANUZIO. Que l'amitié la plus franche succède à la haine qui nous a désunis.
Il tend la main à Michael.

MICHAEL, *la serrant*. Puissions-nous vivre heureux long-temps et avoir beaucoup d'enf... (*A part.*) Oh ! oh ! trivial !

RANUZIO, *à part*. Cette plaisanterie est d'assez mauvais goût.

FRANCESCO, *à Regina*. (*Il lui parle à voix basse jusqu'à cette réplique.*) Eh bien, es-tu convaincue ?

REGINA. Je me soumets à la nécessité.

RANUZIO, *à Michael*. La cérémonie des fiançailles aura lieu à l'instant même, en présence de ma cour assemblée... vous me direz à voix haute, devant tous mes gentilshommes, que, contrit et repentant de l'insulte que vous avez faite à ma fille, vous me suppliez aujourd'hui de vous accorder sa main.

FRANCESCO, *à part*. Voilà donc ce que l'on prétendait obtenir de moi.

MICHAEL. Ce que vous me demandez est fort humiliant... n'importe, je consens.

RANUZIO, *à part*. Il accepte... je croyais que son orgueil serait révolté ; il espère sans doute m'échapper... je veillerai bien sur lui. (*Haut.*) Après les fiançailles, nous nous rendrons à la cathédrale ; toute cette journée doit être consacrée à la prière... Le mariage sera célébré demain avec toute la pompe et la magnificence qu'exige notre haute dignité... Des réjouissances publiques seront données au peuple pendant cinq jours consécutifs dans mes duchés de Parme et de Plaisance.... j'espère qu'à Modène les fêtes seront brillantes et joyeuses aussi.

MICHAEL. Soyez tranquille, je fais bien les choses. (*A Francesco.*) D'Assola, tu es toujours mon fondé de pouvoir : que rien ne soit épargné ; je veux quelque chose de splendide, d'extraordinaire... des mâts de Cocagne sur toutes les places, des bateleurs dans tous les carrefours, des lampions à toutes les fenêtres ; que le vin remplace l'eau dans les fontaines ; que des comestibles de toute espèce soient distribués à mes braves Modenois... oh mais! pas de lésinerie ! il me faut une pluie de saucissons, de pâtés et de volailles, à obscurcir le soleil comme les javelots des Perses lancés contre Léonidas ; et puis je veux, pour couronner les saturnales, un feu d'artifice gigantesque... s'il dure moins de trois heures, je le renie... Tu m'as entendu ?

FRANCESCO, *s'inclinant*. J'obéirai, seigneur.

RANUZIO, *à Michael*. Ce soir, nous insérerons nos nouvelles conditions dans le contrat de mariage.

MICHAEL. Et quand annulerons-nous l'ancien traité ?

RANUZIO. Demain, après la cérémonie. (*Au chambellan.*) Faites entrer maintenant.

FRANCESCO, *bas à Michael*. C'est à mourir de rire.

SCENE XVI.

LES MÊMES, LA MARQUISE DE PONTREMOLI, *suivie de ses* DAMES D'HONNEUR *et du* COMTE DE GUASTALLA, LA COMTESSE LUIGINA, GENTILSHOMMES, PAGES, GARDES, *etc.*, BEATRIX DE PONTINI.

MICHAEL, *à Ranuzio*. Monseigneur, je vous prie d'oublier les paroles injurieuses qui me sont échappées dans un moment d'impatience, et de m'accorder la main de la marquise de Pontremoli, que j'ai dédaigneusement refusée... je ne crois pas pouvoir donner une preuve plus éclatante de mon repentir.

RANUZIO. Dois-je consentir, mes gentilshommes ?

TOUS. Oui, oui, seigneur.

RANUZIO. Que répondez-vous, marquise ?

LA MARQUISE. Francesco, je vous pardonne ; voici mon anneau.

MICHAEL, *lui donnant le sien, à Francesco*. Quelle bouffonnade !

LUIGINA, *à Beatrix*. Je ne puis tolérer plus long-temps une telle impudence !

BÉATRIX, *à Luigina*. Silence! Francesco n'est pas encore libre.

LA MARQUISE, *à part en regardant Regina*. Il faut que je me débarrasse de ce page.

RANUZIO. Messieurs, à la cathédrale !

MICHAEL, *à Francesco*. Tu diras à Modène ce que tu as vu.

GUASTALLA, *à Francesco*. Votre escorte est prête.

FRANCESCO. Partons. (*A part.*) Maintenant, rira bien qui rira le dernier.

Tous sortent au bruit des cloches et du canon, le peuple crie : Vive Francesco II !

FIN DU DEUXIÈME ACTE.

ACTE TROISIEME.

Le théâtre représente un jardin royal.

SCENE PREMIERE.

LE COMTE DE GUASTALLA, LA MARQUISE DE PONTREMOLI.

LA MARQUISE. Mes ordres ont-ils été exécutés.

GUASTALLA. Hélas! non, madame.

LA MARQUISE. Cette femme est encore auprès de Francesco!.... L'homme que vous avez chargé de l'enlèvement est donc bien maladroit ?

GUASTALLA. Non, madame...mais il n'a pu jusqu'à présent faire son devoir.

LA MARQUISE. Pourquoi?

GUASTALLA. Parce que cette petite fille ne quitte pas le prince une seconde seulement... Elle le suit partout comme si elle était son ombre...

LA MARQUISE. Je me charge de les séparer. Que votre homme soit sans cesse aux aguets et qu'il ne laisse pas échapper l'occasion, je la ferai naître. Aussitôt qu'il tiendra la malheureuse, qu'il la conduise dans le plus profond cachot que l'on pourra trouver... Cela lui apprendra que l'on n'est pas impunément ma rivale.

GUASTALLA. Eh quoi! madame, vous voudriez?...

LA MARQUISE. J'aime que l'on obéisse sans commentaires..... Où est Francesco maintenant?

GUASTALLA. Il se promène dans le jardin.

LA MARQUISE. C'est bien, cherchons-le.

GUASTALLA, *à part*. Pauvre enfant! quel supplice on lui réserve!

Ils sortent.

SCENE II.

RÉGINA, MICHAEL.

RÉGINA. Ainsi le mariage aura lieu!... Le prince m'avait pourtant promis !...

MICHAEL. Que veux-tu, ma chère! il faut se résigner.

RÉGINA, *avec dépit*. Vous prenez bien facilement votre parti.

MICHAEL. Vas-tu donc encore m'accabler de reproches! Mais tu devrais verser des larmes de sang sur mon triste sort!... Car enfin mon dévouement est sublime... Si ton salut ne dépendait pas de cet horrible sacrifice, j'aimerais mieux être pendu, écartelé, brûlé vif... Mets-toi à ma place... figure-toi que tu es forcée d'épouser le duc Ranuzio... est-ce que cela t'amuserait?...

RÉGINA. Espérons que Francesco arrivera à temps.

MICHAEL. Tais-toi!... on vient de ce côté.

SCENE III.

LES MÊMES, LA COMTESSE LUIGINA.

MICHAEL, *à part*. C'est ma belle-sœur... Si j'épousais celle-là, je serais moins effrayé...

LUIGINA. Je vous cherche depuis longtemps; je suis heureuse de vous trouver ici, loin du monde.

MICHAEL. Certes, madame, je suis un heureux prince... J'aurais volontiers donné mon duché de Modène pour cette avance pleine de grâce.

LUIGINA. Oh !... avec moi ce langage est inutile... je sais tout ; ainsi parlons franchement.

MICHAEL, *à part*. Elle sait tout! c'est impossible !... (*Haut.*) Mais, signora, que savez-vous donc?

LUIGINA. N'essayez pas de payer d'audace... Encore une fois, je sais tout ! vous n'êtes pas le duc de Modène... Le prince était hier dans ce palais; on le nommait le baron d'Assola; il vous a rencontré à Guastala chez le bonnetier Brunelli...

MICHAEL Cela suffit !

REGINA. Nous sommes perdus.

LUIGINA. Comprenez-vous enfin que vous pouvez vous dispenser de jouer votre rôle devant moi?

MICHAEL. Oui, signora. (*A Regina.*) Voici le dénoûment, ma pauvre chère amie...

LUIGINA. Maintenant, répondez ! Votre intention est-elle d'épouser la marquise ma sœur?...

MICHAEL. Si je pouvais m'en dispenser, je donnerais dix ans de ma vie...

LUIGINA. Il faut vous en dispenser.

MICHAEL. Mais c'est impossible !...

LUIGINA. Il le faut, vous dis-je; car, si vous ne renoncez pas à ce mariage, je vous dénonce.

MICHAEL. Oh ! miséricorde ! que faire !

LUIGINA. Prenez la fuite...

MICHAEL. C'est encore impossible ! tous mes pas sont surveillés.

LUIGINA. Tâchez de vous tirer d'embarras... Si je ne vous dénonce pas à l'instant même c'est que votre dévouement mérite quelque pitié... Mais je montre déjà trop d'indulgence...

MICHAEL. Signora... vous venez de prononcer là une sentence de mort... Je me résignerais si cette malheureuse enfant n'était pas comprise dans votre arrêt terrible !... Oh ! sauvez Regina.

LUIGINA, *à part, en regardant Regina.* Regina... oui... c'est bien elle !... (*Prenant la main de Regina. A part.*) Voici la bague que je lui ai donnée... Pauvre innocente!.. je lui ai dit : Sois heureuse en ménage... C'est son époux sans doute... elle a voulu le suivre. (*Haut.*) Eh bien! je pourrai peut-être aider votre évasion... Mais comment?... nous n'avons qu'une demi-heure devant nous... enfin nous essaierons... Ecoutez bien : ma première dame d'honneur viendra vous prendre ici... elle vous dira : Je suis la signora Beatrix... et vous la suivrez... Elle vous cachera dans son appartement, qui est tout près d'ici, et nous parviendrons peut-être à vous faire sortir de Parme pendant la nuit... Surtout ne quittez pas cette place... Adieu !

Elle sort.

SCENE IV.

LES MÊMES, LA MARQUISE DE PON-TREMOLI.

MICHAEL, *à Regina* Espérons ! Nous ne devons pas bouger de cet endroit... pourvu que l'on ne vienne pas nous y pourchasser.

LA MARQUISE , *entrant.* Enfin je vous trouve, monseigneur! J'ai parcouru tout le jardin pour vous rencontrer...

MICHAEL, *à part.* Il paraît que tout le monde me cherche...

LA MARQUISE. Vous me fuyez, méchant.

MICHAEL, *à part.* Vieille folle ! (*Haut.*) Moi vous fuir !

LA MARQUISE. Oui, vous m'évitez sans cesse... Francesco, vous ne m'aimez pas...

MICHAEL. Je ne vous aime pas !... Oh ! madame, pourquoi me calomnier ainsi?... Vous voulez donc faire couler mes larmes ! Je ne vous aime pas !... Mais j'en perds la tête !...

LA MARQUISE. Eh bien! prouvez-le donc ! Vous êtes d'un calme glacial auprès de moi... dites-moi de ces mots célestes qui bouleversent l'ame...

MICHAEL. Qu'entendez-vous par ces mots célestes qui bouleversent l'ame?

LA MARQUISE. Que sais-je, moi !... Dites-moi, par exemple, que nous sommes deux moitiés de cœur aspirant à se réunir.....

MICHAEL. Eh bien! nous sommes deux moitiés de cœur...

LA MARQUISE. Oh! ce n'est pas cela... le feu sacré ne vous anime pas !... Il n'y a pas d'entraînement dans votre parole... Francesco, vous ne m'aimez pas... Ingrat, vous ne me tenez pas compte de tout ce que je vous sacrifie...

MICHAEL. Oh! si! oh! si!... Mais que me sacrifiez-vous donc?

LA MARQUISE. Ma liberté ! J'avais juré, de ne jamais prendre un époux, un maître et de régner seule, à la mort de mon père, sur mes duchés de Parme et de Plaisance. Pour vous j'ai oublié mon serment... et vous ne me donnez pas, en échange de tant d'abnégation, un peu d'amour...

MICHAEL. Vous êtes injuste !... Je vais pleurer...

LA MARQUISE. Si vous m'aimiez... vous seriez jaloux...

MICHAEL. Et de qui donc?

LA MARQUISE. De tout le monde... Hier, au souper, quand nos jeunes seigneurs s'empressaient autour de moi, sollicitant la faveur de baiser ma main... aucune inquiétude n'a paru sur vos traits... vous êtes resté impassible !

MICHAEL, *à part.* Allons! forcé d'être jaloux à présent! (*Haut.*) Faut-il donc que je passe ma vie à me brûler la cervelle pour vous prouver mon désespoir?.. Mon visage était calme, c'est vrai ; mais mon cœur !... Si vous saviez à quelle tempête, à quel ouragan, à quelle horrible tourmente il était exposé, mon pauvre cœur !...

LA MARQUISE. Je vous croi... Je vais m'occuper de ma toilette... Je veux être aujourd'hui plus belle que jamais...

MICHAEL, *à part.* Elle dit cela avec une conviction...

LA MARQUISE. Donnez-moi votre bras... nous continuerons en marchant ce doux entretien.

MICHAEL, *à part.* Diable !... je ne dois pas bouger de cette place...

LA MARQUISE. Venez, monseigneur... Ce page va-t-il donc nous suivre ?...Quand on cause d'amour, on ne peut avoir d'autres témoins que Dieu et la nature...

MICHAEL. Oh ! oui !... c'est vrai. (*A Regina.*) Reste ici, tu préviendras la signora Beatrix de mon prochain retour.

REGINA. Mais la marquise !

MICHAEL. Je la planterai là tout de suite. (*A la marquise.*) Je suis à vos ordres, ma souveraine.

LA MARQUISE, *à part.* Maintenant le le page m'appartient.

SCENE V.

PAOLI, REGINA, *puis* MICHAEL.

REGINA, *à part.* J'ai tort d'être jalouse... la marquise est si laide !

PAOLI, *à part.* Remplissons notre mission...(*Haut, en s'approchant.*)Beau page... une noble dame désire vous parler... veuillez me suivre, je vous conduirai près d'elle...

REGINA, *effrayée.* Paoli !

PAOLI, *lui ôtant son chapeau.* Regina !.. Vois-je bien clair ! Mais oui... c'est elle ! comment se fait-il ?... Malheureuse adultère !... ton séducteur est donc...! Je ne m'étais pas trompé... j'ai bien reconnu Michael !

REGINA. Si tu tiens à ce que je vive, tais-toi ! Oh ! tais-toi !

PAOLI. Me taire, quand l'indignation !...

REGINA, *lui mettant la main sur la bouche.* Au nom du ciel ! plus un mot !...

MICHAEL, *entrant.* Ouf ! quelle corvée !...

PAOLI. C'est lui !

MICHAEL. Paoli !

PAOLI. Enfin, Michael, nous sommes face à face !

MICHAEL, *anéanti.* Malheur ! malheur !

PAOLI, *le saisissant à la gorge.* Infâme suborneur, rends-moi compte !...

MICHAEL. Misérable ! tu oses porter la main sur le duc de Modène... c'est un crime de lèse-majesté !... pour lequel je te châtierai moi-même.

Il tire son épée.

PAOLI, *reculant.* Toi, un prince !... non pas ! tu es Michael, et rien de plus !... au total, pas grand'chose... tu voudrais m'en conter !...

MICHAEL. Tu me tutoies, vile canaille !

PAOLI. Voilà-t-il pas un beau malheur ! tutoyer un meure-de-faim, un poète...

MICHAEL. Insensé ! tu veux donc mourir !

PAOLI. Oh ! tu ne m'effraies pas ! Je sais bien que tu n'es pas le duc de Modène... je t'ai assez connu à Guastalla...

MICHAEL. J'y étais incognito... l'amour de Regina m'y appelait chaque jour...

PAOLI, *effrayé, à part.* Incognito ! oui, les princes se cachent souvent sous un faux nom...

MICHAEL, *à part.* Il a peur. (*Haut.*) Tu mérites bien ton supplice, n'est-ce pas ?... Je ne souillerai pas mon épée de ton sang impur... le bourreau seul me fera justice. A moi, gardes ! emparez-vous de cet homme.

PAOLI, *tombant à genoux.* Oh ! grâce ! monseigneur...

MICHAEL. Tu implores ma pitié maintenant... Je ne veux pas me venger d'un être aussi chétif... Je te pardonne ; mais ne reparais jamais devant moi... sors de Parme à l'instant...

PAOLI. J'obéis, monseigneur... Votre altesse ne me permettra-t-elle pas d'emmener Regina ?..

MICHAEL. Impudent drôle !

PAOLI, *à part.* Tyran ! tyran !

BEATRIX, *paraissant, à voix basse à Michael.* Je suis la signora Beatrix.

MICHAEL. C'est bien, je vous suis... (*A Paoli.*) N'oublie pas que je t'ai ordonné de sortir de Parme... (*A Regina.*) Viens, songeons à la liberté !...

SCENE VI.

LES MÊMES, PLUSIEURS COURTISANS.

BEATRIX, *se cachant dans un bosquet, à Michael.* Il faut attendre.

PREMIER COURTISAN, *à Michael.* Monseigneur, je suis capitaine des gardes de la marquise de Pontremoli, puis-je espérer que votre altesse daignera me prendre à son service ?

MICHAEL. Nous reparlerons de cela.

DEUXIÈME COURTISAN. Monseigneur, j'ai un jeune frère qui désirerait entrer dans les pages de votre altesse...

MICHAEL. Vous me le présenterez plus tard.

TROISIÈME COURTISAN. Monseigneur, je sais une foule d'histoires fort plaisantes, qui égaieront beaucoup votre altesse... me permettra-t-elle de la suivre?

MICHAEL. Plus tard! plus tard! monsieur. (*A part.*) Oh! les couleuvres! Rampez! rampez! c'est votre état. (*S'approchant du bosquet où est Beatrix.* Eh bien! signora... partons-nous.

UN CHAMBELLAN, *entrant.* Monseigneur, toute la cour vient au-devant de votre altesse.

BEATRIX, *à Michael.* Nous sommes forcés de renoncer à notre projet.

REGINA, *à Michael.* Qu'allons-nous faire?

MICHAEL. Que sais-je, moi!.. Plus d'espoir, maintenant.

SCENE VII.

PAOLI, REGINA, MICHAEL, LA MAR-QUISE DE PONTREMOLI, RANU-ZIO, LA COMTESSE LUIGINA, BEATRIX, Gardes, Gentilshommes, *puis* LE COMTE DE GUASTALLA.

LA MARQUISE, *à part, en regardant Regina.* Ce page est encore libre!... Se moque-t-on de moi!

RANUZIO, *à Michael.* Allons, mon gendre, on vous attend à l'autel.

LUIGINA, *entrant toute bouleversée.* Arrêtez! il faut enfin que vous connaissiez la vérité!...

MICHAEL, *à part.* Tout est fini.

RANUZIO. Qu'est-ce que cela signifie?

Bruit dans la coulisse.

GUASTALLA, *entrant.* Trahison! monseigneur, trahison!

RANUZIO. Qu'y a-t-il?

GUASTALLA. Il y a, monseigneur, que le corps d'armée défendant nos frontières a été battu, dispersé par les Modenois.

RANUZIO. Les Modenois!

GUASTALLA. Ce n'est pas tout! ils sont aussi maîtres de Guastalla et de Pontremoli!

RANUZIO. Guastalla! Pontremoli!

GUASTALLA. Oui, prince; les traîtres ont surpris ces deux villes et s'en sont emparés pendant la nuit... La sécurité dont jouissaient nos soldats, et puis l'ivresse dans laquelle ils s'étaient plongés en réjouissance du mariage, ont permis au comte d'Alminti de triompher sans grande opposition... Maintenant il s'avance sur nous en poursuivant les fuyards qui, ayant pu lui échapper, viennent se réfugier à Parme.

LUIGINA, *à part.* Malheureuse! c'est moi qui suis cause de tous ces désastres!

RANUZIO, *à Michael.* Francesco, tu avais oublié que je puis te traîner sur le rempart et te faire pendre aux yeux de ton armée, si elle ne dépose à l'instant les armes.

MICHAEL, *à part.* Mourir si près du port!...

REGINA, *à Michael.* Mais les soldats ne l'arrêteront pas...

RANUZIO, *à Michael.* Allons! suivez-moi, monseigneur.

LUIGINA, *à Ranuzio.* Oh! n'augmentez pas le ridicule qui vous accable, mon père! Cet homme n'est pas Francesco II... Le baron d'Assola était le duc de Modène.

RANUZIO. Est-il possible!

PAOLI, *paraissant.* Je ne m'étais pas trompé.

LA MARQUISE, *à Michael.* Mais qui donc êtes vous?

PAOLI. Lui!... c'est tout bonnement le poète Michael!... et cette femme se cachant sous le dehors frauduleux d'un page, c'est Regina, ma fiancée.

LA MARQUISE, *avec rage.* Et ma main a touché celle de ce misérable, et j'ai été jalouse de cette malheureuse!...

RANUZIO. Qu'on les traîne tous les deux à la potence.

PAOLI, *à Ranuzio.* Regina aussi!.. Oh! monseigneur!

RANUZIO. Silence!

MICHAEL. Moi seul, au nom du ciel!

RANUZIO. Tu oses encore élever la voix!

LUIGINA, *dans le plus grand désordre, se jetant aux genoux de Ranuzio.* Grâce pour ces deux infortunés!.. Epargnez-les, mon père, et punissez-moi seule! Je suis seule coupable!

RANUZIO. Que dis-tu?

LUIGINA. C'est moi qui ai fait tout le mal... J'ai prévenu Francesco à Guastalla, je lui ai donné les moyens de vous échapper et de vous tromper... Hier encore, je pouvais détruire votre erreur, lorsqu'il était dans votre palais... Je ne prévoyais pas les malheurs que devait entraîner sa conduite... Je mérite un châtiment terrible, infligez-le-moi donc!... Mais que votre colère retombe sur moi seule... je suis seule coupable!...

RANUZIO. Et qui t'a poussée à agir ainsi?

LUIGINA. Oh! ne m'interrogez pas!

RANUZIO. Tu t'es accusée devant tous.... Il faudra que tu sois jugée!... Oh! mais à présent ne songeons qu'à combattre.....

Qu'on ouvre les portes de la ville aux troupes qui se replient sur Parme! ce renfort nous fera soutenir le choc jusqu'à ce que Plaisance arrive à notre secours... Quant à ces misérables... qu'on les pende à l'instant même !.. Comte de Guastalla! vous veillerez à leur exécution... (*A Luigina.*) Toi, tu n'es plus ma fille !... je t'abandonne au tribunal qui décidera ton sort... Qu'on la conduise à la tour... Obéissez.... (*On emmène Luigina.*) Maintenant, messeigneurs, au combat! défendons-nous.

Canon.

SCENE VIII.

LE COMTE DE GUASTALLA, MICHAEL, REGINA, PAOLI.

LE COMTE, *à part.* Pauvre petite..... Pourquoi m'a-t-on chargé plutôt qu'un autre d'ordonner ton supplice? (*Haut à Michael et à Regina.*) Vous trouverez au pied de l'échafaud un saint homme qui recevra votre dernière confession.

On entend des coups de canon.

MICHAEL, *à Regina.* Faut-il donc que tu meures aussi?..

REGINA. Résignons-nous, Michael, ne pensons qu'à Dieu, qui va bientôt nous demander compte de notre conduite ici-bas.....

PAOLI, *à Guastalla.* Monseigneur, n'aurez-vous pas pitié de Regina?..elle est innocente, je vous le jure... c'est ce misérable qui l'a entraînée.

MICHAEL. Oui, monseigneur, c'est moi qui l'ai entraînée!... grâce pour elle! je ne me plains pas, moi, je mérite la mort... je savais que je la trouverais en venant ici... mais Regina... oh! grâce pour elle !

PAOLI. Monseigneur, vous êtes mon parrain, vous m'avez toujours protégé... rendez-moi un dernier service plus grand que tous ceux que vous m'avez déjà rendus et qui vous coûtera si peu... épargnez ma fiancée... Vous consentez, n'est-ce pas?... je vais l'emmener, la cacher...

Il passe près de Regina.

MICHAEL. Monseigneur, laissez-vous fléchir!... ne repoussez pas mes prières... ce serait un crime affreux!... tuer ainsi une pauvre enfant!... soyez généreux.... Dieu vous bénira.

GUASTALLA. Il faut que j'exécute les ordres que l'on m'a donnés.

MICHAEL. Vous pouvez dire qu'elle est morte... on ne songera pas à elle... le combat qui se livre occupe tous les esprits.

Fusillade et canonnade très-vive.

GUASTALLA. Eh bien! voyons...

REGINA. Sans toi je ne puis vivre! Monseigneur, sauvez-nous tous les deux.

GUASTALLA. C'est impossible !

MICHAEL. Il n'y a pas de doute que c'est impossible !... Oh! comment faire? (*Bas à Guastalla.*) Vous voulez la sauver, monseigneur?... je l'ai bien vu tout-à-l'heure, vous étiez ému.

PAOLI. C'est vrai, vous étiez ému.

MICHAEL. Vous alliez dire oui... oh! ne revenez pas sur vos bonnes dispositions... vous le voulez, n'est-ce pas? eh bien! pour qu'elle y consente, elle, il faut qu'elle croie à ma délivrance; sans cela, je la connais, elle refuserait... je vais arranger l'affaire, ne me démentez pas.

PAOLI. Oh! ne le démentez pas !

MICHAEL, *courant à Regina.* Regina, nous serons heureux, on nous permet de fuir... mais pas ensemble, ce la serait imprudent! tu partiras avec Paoli, moi je suivrai M. le comte, et nous nous retrouverons demain à Guastalla.

PAOLI, *à part.* Ça me va très-bien comme cela.

MICHAEL. Eh bien! cette nouvelle ne te réjouit pas?... tu ne remercie pas notre libérateur?

REGINA. C'est bien vrai, n'est-ce pas?

MICHAEL. Certainement, c'est vrai... (*A Paoli.*) Ta conduite m'a réconcilié avec toi... donne-moi ta main que je la serre dans la mienne... je te lègue Regina, notre trésor à tous les deux ; tu es bon, tu la rendras heureuse, j'en suis sûr... (*A Regina.*) Viens donc! je lui donne ses instructions... (*A Paoli.*) Tu lui feras prendre des vêtemens de femme, et tu la conduiras à Guastalla par le chemin que je t'ai dit. (*A Regina.*) Il faut nous séparer maintenant.

REGINA. Je ne veux pas te quitter.

MICHAEL. Tu es folle, tu vas nous perdre par ton obstination... mais que crains-tu? allons, adieu !.. (*Il l'embrasse. A Guastalla.*) Monseigneur, je suis prêt à vous suivre.

REGINA. Je partirai avec toi !

MICHAEL, *à Paoli.* Entraîne-la, entraîne-la donc !

Paoli l'entraîne et sort avec elle.

MICHAEL. Je puis mourir à présent, elle est sauvée... Paoli sera son époux... Venez, monseigneur, venez !

GUASTALLA, *à part.* Pauvre homme !

Ils sortent.

Fusillade très-vive.

SCENE IX.

RANUZIO, LA MARQUISE DE PON-TREMOLI, Officiers, Gardes.

RANUZIO, *épouvanté*. Si cela est vrai, nous sommes perdus sans ressources, il ne faut plus songer qu'à gagner Plaisance.

LA MARQUISE. Oh! non, cela ne peut être.

RANUZIO, *à un officier qui entre.* Eh bien?

L'OFFICIER. Le rapport n'est malheureusement pas faux, monseigneur... le capitaine Orlando a livré la porte Orientale.

RANUZIO. L'infâme!

LA MARQUISE. O mon Dieu!

L'OFFICIER. Les Modenois ont déjà envahi deux faubourgs... Francesco II est à leur tête; nous sommes accablés par le nombre.

SECOND OFFICIER, *entrant.* L'ennemi est maître de Parme; il faut fuir, monseigneur; ne restez pas exposé à la vengeance du duc de Modène.

LA MARQUISE. Nous sommes perdus!

RANUZIO. Réfugions-nous à Plaisance, nous avons une issue... le souterrain conduisant à la rivière... venez, venez!

Ils sortent.

SCENE X.

FRANCESCO, Officiers modenois, *puis le* COMTE D'ALMINTI, *et après* MICHAEL.

FRANCESCO. Cherchez-le, mes amis, fouillez toutes les prisons... Ils l'ont tué peut-être... oh! si Michael est mort, malheur à eux!... La ville est-elle bien gardée?

D'ALMINTI. Elle est cernée de toutes parts.

FRANCESCO, *à un officier qui entre.* Vous ne l'avez pas trouvé?... c'est qu'il n'est plus... Oh! Michael, tu seras vengé.

D'ALMINTI, *rentrant.* Oui, monseigneur, il faut le venger, car les misérables l'ont pendu... je viens de l'apprendre.

FRANCESCO. Il est mort! il est mort!

MICHAEL, *entrant les traits bouleversés.* Non, mais je l'ai échappé belle.

FRANCESCO. Michael! c'est toi!

MICHAEL. Oui, c'est moi, c'est bien moi! moi tout entier!... je vis, j'existe!... mes bourreaux ont eu peur et se sont tous sauvés en apprenant votre arrivée; je suis resté seul avec la corde au cou, près de la diable de machine, et je n'ai pas jugé à propos de me pendre moi-même... Ah! pour le coup, prenons ça gaiment.

SCENE XI.

Les Mêmes, REGINA, PAOLI.

REGINA, *à Paoli.* Ainsi vous m'avez trompée; il est mort, mais je veux le revoir encore...

MICHAEL. Regina!

Regina se jette dans ses bras.

PAOLI, *à part.* Résisterai-je à ce dernier coup du sort?

On entend une forte fusillade.

SCENE XII.

Les Mêmes, RANUZIO, LA MARQUISE.

Ils sont violemment poussés en scène.

FRANCESCO. Ah! Ranuzio, tu es prisonnier à ton tour... tu as voulu m'imposer des conditions, tu vas maintenant écouter les miennes; je te les dicterai assis, et tu les écouteras debout, comme le coupable devant son juge. Je t'ai conquis Parme, il faut me donner Plaisance, ou je disposerai de ta vie ainsi que tu prétendais disposer de la mienne.

RANUZIO. Oh! quelle honte!

LA MARQUISE, *à part.* J'en mourrai!

FRANCESCO. C'est la peine du talion que je t'inflige là!

SCENE XIII.

Les Mêmes, LUIGINA.

LUIGINA, *à Ranuzio.* Mon père, pardonnez-moi.

FRANCESCO, *troublé.* Votre père!... le duc?...

LUIGINA. Je suis la comtesse Luigina.... Vous connaissez mon nom à présent?

FRANCESCO, *après un silence, en se levant, à Ranuzio.* Duc de Parme et de Plaisance, j'accepte les dernières conditions que vous croyiez me proposer... je vous rends les places que je vous ai prises, et je consens à ce qu'un mariage termine cette guerre malheureuse.

MICHAEL, *à part*. Il épouse la vieille !

LA MARQUISE, *toute joyeuse*. Serait-il possible !

FRANCESCO, *à Ranuzio*. Oui, monseigneur, je vous prie de m'accorder la main de la comtesse Luigina.

LA MARQUISE. Ma sœur !

RANUZIO, *à Francesco*. Je vous la donne, monseigneur.

LA MARQUISE, *à Ranuzio*. Vous acceptez ? Mais moi...

RANUZIO, *à la marquise*. Vous gouvernerez seule après ma mort.

FRANCESCO. Votre main, mon beau-père ; nous formons une seule famille... nos vassaux seront heureux. (*A Michael.*) Quant à toi, je te fais baron de Casa, et je te donne le château de ce nom.

MICHAEL. Et Regina par-dessus le marché ?

FRANCESCO. Cela va sans dire... Mais n'es-tu pas satisfait ?

MICHAEL. Moi, je suis plus heureux qu'un prince.... Je redeviens poète... C'est assez d'un jour de grandeur.

FIN.

TABLE DES MATIÈRES.

LE CHATEAU DE MA NIÈCE, comédie en un acte, par Mme ANCELOT.

LA FILLE D'UN MILITAIRE, comédie-vaudeville en deux actes, par MM. LAURENCIN et H. MEYER.

LE TOUR DE FACTION, drame-vaudeville en un acte, par MM. H. DENNERY et EUGÈNE GRANGÉ.

LA DOUBLE ÉCHELLE, opéra-comique en un acte, par M. EUGÈNE DE PLANARD.

BRUNO LE FILEUR, comédie-vaudeville en deux actes, par MM. COGNIARD frères.

UN JOUR DE GRANDEUR, anecdote en trois actes, par M. DELIGNY.